BEI GRIN MACHT SICH IHR WISSEN BEZAHLT

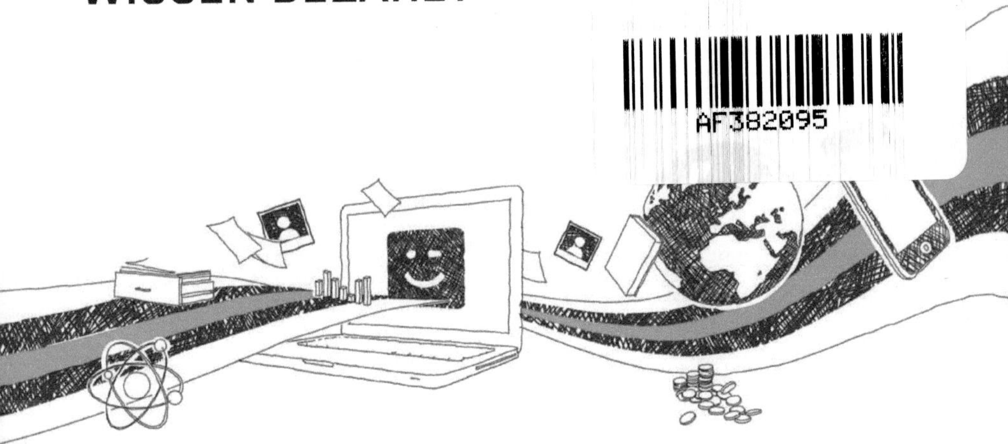

- Wir veröffentlichen Ihre Hausarbeit, Bachelor- und Masterarbeit

- Ihr eigenes eBook und Buch - weltweit in allen wichtigen Shops

- Verdienen Sie an jedem Verkauf

Jetzt bei www.GRIN.com hochladen und kostenlos publizieren

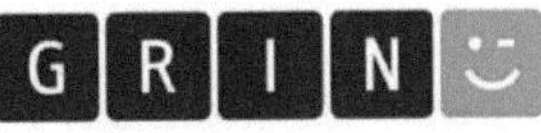

Bibliografische Information der Deutschen Nationalbibliothek:

Die Deutsche Bibliothek verzeichnet diese Publikation in der Deutschen National-
bibliografie; detaillierte bibliografische Daten sind im Internet über http://dnb.d-
nb.de/ abrufbar.

Impressum:

Copyright © 2012 GRIN Verlag
Druck und Bindung: Books on Demand GmbH, Norderstedt Germany
ISBN: 9783656598299

Dieses Buch bei GRIN:

https://www.grin.com/document/268786

Tina Halbeisen

Stillleben. Die Magie der Dinge

Eine vergessene Gattung neu betrachtet

GRIN Verlag

Stillleben- Die Magie der Dinge
Eine vergessene Gattung neu betrachtet

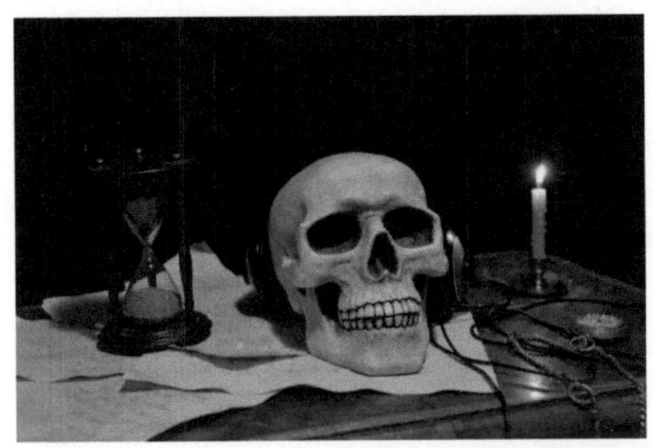

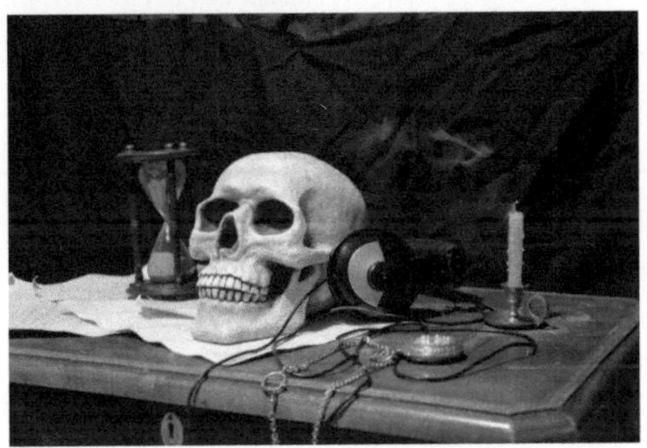

Fachbereichsarbeit für die Schwerpunktprüfung
bei der Matura 2012 am Borg Egg
Fach: Bildnerische Erziehung
Erstellt von Tina Halbeisen

Vorwort

Die vorliegende Fachbereichsarbeit entstand im Zeitraum von September 2011 bis Februar 2012 im Oberstufenrealgymnasium Egg. Das Thema der Arbeit ergab sich aus einer Anregung des Betreuers, Herrn Professor Hirtenfelder.

Da wir im Unterricht schon das Thema Stillleben bearbeitet und dazu ein Bild gemalt haben, wollte ich mich vertiefender mit dieser für mich interessanten Thematik auseinandersetzen. Vor allem die Interpretation von den verschiedensten Gemälden und Band- Covers war für mich äußerst spannend.

Ich möchte all jenen danken, die mir bei der Durchführung der Fachbereichsarbeit mit Rat und Tat zur Seite standen. Mein ganz spezieller Dank gilt dabei meiner Familie und meinen Freunden. Sie haben meine FBA immer wieder durchgelesen, Verbesserungsvorschläge gemacht und mich motiviert. Auch bei der praktischen Arbeit konnte ich immer wieder auf die Hilfe meiner Freunde zurückgreifen.

Auch bei Herrn Professor Hirtenfelder möchte ich mich recht herzlich für die wissenschaftliche Betreuung meiner Arbeit bedanken!

Inhaltsverzeichnis

Einleitung

„Kunst ist die Vermittlerin des Unaussprechlichen"

Eine kluge Lebensweisheit von Johann Wolfgang Goethe. Mit dieser Weisheit
vermittelt er zwischen Menschen und Kunst und zeigt, dass letztere nicht nur
Darstellungszweck für Schönheit und Lebensunschuld ist.

Obwohl viele Bilder uns beim ersten Anblick schon beeindrucken, sieht man erst
beim zweiten Blick die Botschaft, die uns ein Künstler mit seinem Bild vermitteln
will. Nicht selten sind es Botschaften, die bezwecken sollen, dass Menschen sich
von ihrer Schein- oder Traumwelt abwenden und sich der Realität zuwenden.

Das sind oft Bilder aus der Gattung der Stillleben. Jeder Gegenstand hat eine
Bedeutung und will dem Betrachter etwas vermitteln, sei es etwas
Begehrenswertes wie Reichtum und Macht oder etwas Zerstörerisches wie Krieg,
Leid oder die Vergänglichkeit allen Lebens.

Um diese geheimen Botschaften zu entschlüsseln, braucht es sehr viel Verstand
und Intellekt. Die Interpretation und Entschlüsselung von diversen Stillleben, die
ich studiert habe, haben mich so beeindruckt, dass ich gar nicht anders konnte als
mich für dieses Thema zu entscheiden. Aber nicht nur die versteckten Botschaften
haben mich zu diesem Thema angeregt, sondern auch mein großes Interesse für
die kunsthistorische Entwicklung dieser Bildgattung hat zu der thematischen Wahl
meiner FBA beigetragen.

1. Die Bildgattungen

Die verschiedenen Bildgattungen sind im Laufe der geschichtlichen Entwicklung
aus der Kirchenkunst entstanden.[1]

1.1 Das „Altar- und Andachtsbild"

Das Altar- und Andachtsbild beschäftigt sich mit der bildhaften
Darstellung von "Legenden [und] Illustrationen der heiligen
Schrift(en)."[2]

1.2 „Mythos, Märchen, dichterische Überlieferung"

In dieser Gattung werden phantasiereiche Erfindungen, wie
beispielsweise Ruhm, Ehre und Wachsamkeit in Gestalt von Personen
dargestellt.[3]

1.3 Die „Architektur"

Das planvolle Entwerfen und Gestalten von Bauwerken ist der zentrale
Inhalt der Architektur."[4]

1.4 Das Tierbild

Das Tierbild ist die bildhafte Darstellung von verschiedenen Tierarten.[5]

1.5 Die Landschaftsmalerei

Die Landschaftsmalerei beschäftigt sich mit der Darstellung von
verschiedenen Landschaften.[6]

---

1 Mitschrift einer gestellten Frage zum Thema Stillleben an Herr Professor Hirtenfelder;
Bundesgymnasium Egg; 11.10.11
2 Pawlik/Straßner: Bildende Kunst; Begriffe und Reallexikon; 5. ergänzte Auflage; Köln 1977; S.
24/25
3 Ebd.
4 Bildgattungen; Architektur; Wikipedia; URL:http://de.wikipedia.org/wiki/Architektur in der
Fassung vom 03.01.2012
5 Pawlik/Straßner; Köln 1977; S. 24/25
6 Wissensdigital; Kunst: Gattungen der Malerei; URL: http://www.wissen-
digital.de/Kunst:_Gattungen_der_Malerei in der Fassung vom 18.10.2011

1.6 <u>Die Porträtkunst</u>

Die Porträtkunst beschäftigt sich mit dem Abbild eines menschlichen
Körpers.[7]

1.7 <u>Die Genremalerei</u>

In der Genremalerei werden typische Szenen aus dem bäuerlichen oder
höfischen Leben dargestellt.[8]

1.8 <u>Die Historienmalerei</u>

In der Historienmalerei werden geschichtliche Ereignisse, aber auch
Sagen, Legenden und Dichtungen dargestellt.[9]

1.9 <u>Das Stillleben</u>

2. Das Stillleben

Stillleben bezeichnet die Bildgattung, die sich mit diversen reglosen
Gegenständen beschäftigt. Sei es ein Strauß mit den prachvollsten Blüten, ein
Korb voller Früchte oder gar ein Bild mit den verschiedensten
Alltagsgegenständen. Zwar sind es tote, reglose Modelle, die sich auf so einem
Bild befinden, aber meistens steckt noch viel mehr dahinter als man beim ersten
Anblick vermutet. Es ist eine Bildgattung, in der sich oft eine versteckte Botschaft
oder Symbolik befindet und dazu anregt, über gewisse Themen nachzudenken.
Außerdem hat sich die Komposition der Objekte und deren Farben nicht zufällig
ergeben, sondern wurde jedes Mal sorgfältig überlegt. Es ist ein Bild, das meist
erst durch tiefgründigere Betrachtung verstanden wird. Aber es gibt natürlich auch
Ausnahmen, die das Gegenteil beweisen.[10]

---

7 Wissensdigital; Kunst: Gattungen der Malerei; URL: http://www.wissen-
digital.de/Kunst:_Gattungen_der_Malerei in der Fassung vom 18.10.2011
8 Ebd.
9 Ebd.
10 Mitschrift einer gestellten Frage zum Thema Stillleben an Herr Professor Hirtenfelder;

2.1 Die Entstehung des Begriffes „Stillleben"

Wie man schon an diesem Begriff erkennt, handelt es sich um „stilles Leben." Der anfängliche Begriff für Stillleben entstand in der Mitte des 17. Jahrhunderts in den Niederlanden. Anfangs gab es noch viele verschiedene Bezeichnungen „für spezielle Varianten des Stilllebens wie „fruytagie" (Früchtekorb), „bancket" oder „ontbijt" (Bankett-, oder Frühstücksbild)".[11]

Später benutzte man für diverse Bilder, die dieser Gattung entsprachen, das Wort „stilleven". „Stilleven" wurde von den germanischen und angelsächsischen Sprachen aus dem Holländischen übernommen"[12] und bedeutet „regloses Modell" oder „unbewegte Natur".[13]

Ein Jahrhundert später entstand in Frankreich das Wort „nature morte" und bedeutet nach Jean-Baptiste Descamps nichts anderes als ein Bild mit „unbeweglichen Gegenständen".[14]

2.2 Entwicklung von Stillleben

2.2.1. Antike

Es entstanden schon sehr früh Kunstwerke, die einen Bezug auf die später entwickelten Stillleben haben. Bilder, auf denen Lebensmittel zu sehen waren, wurden bei den Xenien[15] als Zeichen für die Gastfreundlichkeit benutzt. „Diese Abbildungen lösten sich aber bald aus diesem Zusammenhang und erhielten eine dekorative und repräsentative Funktion." In vielen solchen Bildern sind nicht nur Lebensmittel abgebildet, sondern auch Blumen, Geschirr, Silbergeräte und Schreibgeräte.[16]

Bundesgymasium Egg; 11.10.11

11 Schneider, Norbert; stillleben; Realität und Symbolik der Dinge, Die stilllebenmalerei der früheren Neuzeit; Köln 1999; S.7

12 Bott, Gian Casper; Illusion und Augenschmaus; Eine Gattung sucht ihren Namen; In: Wolf Norbert (Hrsg.): Stillleben; S. 6-7; hier S. 7

13 Schneider, Norbert; Köln 1999; S.7

14 Schneider, Norbert; Köln 1999; S.7

15 Definiton von Xenien laut: http://woerterbuch.babylon.com/xenien/ :*Xenien (griech.), ursprünglich „Gastgeschenke", nannte der römische Dichter Martial (1. Jahrhundert n. Chr) das 13. Buch seiner Epigramme, die als Begleitverse zu Geschenken gedacht waren.*

16 Artikel über Stillleben. Wikipedia. URL: http://de.wikipedia.org/wiki/Stillleben in der Fassung vom 21.10.11

9

Diese Bilder waren vielmals in antiken Villen vorzufinden und hatten den Zweck den Reichtum und den Lebensstandard einer Familie zu präsentieren.[17]

Schon in der Antike gab es die „aufgestellte Forderung, daß die Kunst (…) die Malerei nicht zu imitieren habe, sondern sie sogar übertreffen müsse".[18]

2.2.2. Mittelalter

Im Mittelalter gab es weit weniger Abbildungen von Elementen des Stilllebens, als sie in der Antike vorzufinden waren. Bücherstillleben wurden häufig im Zusammenhang mit Andachtsbildern oder Heilgendarstellungen abgebildet. „Der Grund dafür ist die (generelle) Verneinung der Abbildung irdischer Realität." Da das jetzige Leben nur von kurzer Dauer ist und es als bloße Vorbereitung für das eigentliche Leben, des ewigen Lebens, nach dem Tod, gilt.[19]

Aber auch im Zusammenhang mit Landschaftsbildern oder mythologischen Szenen traten immer wieder Elemente des Stilllebens, als natürliche Objekte, auf.[20]

2.2.3. Protorenaissance[21] und Renaissance

„In der Protorenaissance gelang [es] italienischen Künstlern (…) die Modellierung plastischer Bildgegenstände durch Schatten und erste räumlich-perspektivische Darstellung." Das heißt, dass „die Grundvorstellung für illusionistische Malerei" geschaffen wurde. In der Renaissance traten auch wieder Objekte des Stilllebens in Gemälden auf. In dieser Epoche waren sie aber nicht nur als Objekte in Bildern zu sehen, sondern bekamen symbolische Bedeutungen. In vielen Marienbildern gelten die „Symbole Lilie, Akelei und Iris zusammen mit Waschgeräten als Symbol für die Reinheit Marias."[22]

---

17 Artikel über Stillleben. Wikipedia. URL: http://de.wikipedia.org/wiki/Stillleben in der Fassung vom 21.10.11

18 Schuster U.: Das stillleben- nature morte. Luitpold- Gymnasium München. Leistungskurs Kunsterziehung. URL: http://www.kusem.de/lk/still/still.htm in der Fassung vom 3.10.11

19 Artikel über Stillleben (wie Anm. 17)

20 Schuster (wie Anm. 18)

21 Definition von Protrenaissance laut: http://de.wikipedia.org/wiki/Protorenaissance : *Protorenaissance (auch Vorrenaissance) ist die Bezeichnung für eine Tendenz in Architektur, Malerei und Plastik im 11. und 12. Jahrhundert.*

22 Artikel über Stillleben (wie Anm. 17)

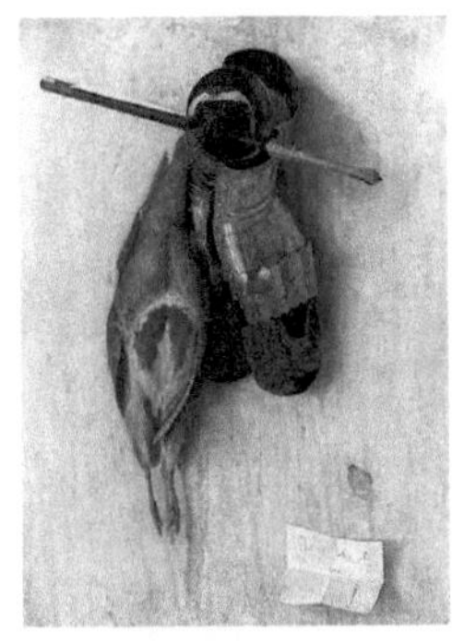

Abbildung 1: Jacopo de Barbari: „Stillleben Rebhuhn, Eisenhandschuhe und Armbrustbolze"

Das Stillleben „Rebhuhn, Eisenhandschuhe und Armbrustbolze" von Jacopo de Barbaris wird indirekt als Vorstufe für das autonome Stillleben bezeichnet. Dabei handelt es sich „nicht nur um ein Wandgemälde, sondern um eine stilllebenartige Darstellung". Es gibt aber noch viele weitere Gemälde, auf denen naturgetreu wie möglich Gegenstände dargestellt wurden, wie beispielsweise geöffnete Schränke mit sich darin befindenden Gegenständen. Der Grund für dieses enorme Interesse an derartigen Bildern, war einerseits die Sammelleidenschaft und anderseits der Drang die Natur genauer zu erforschen. Dabei entstanden detailreiche Naturstudien, die gesammelt und durch die Erfindung des Buchdrucks auch verbreitet werden konnten. Das enorm angestiegene Interesse an der Natur machte sich auch in der Kunst bemerkbar, da immer mehr detailreichere Blumen und Früchte in den Kunstwerken in Erscheinung traten. „[Aber] als direkte Vorstufe des autonomen Stilllebens, im besonderen (…) [des] Mahlzeitstillleben(s), dürfen die seit dem 16. Jahrhundert gefertigten Markt- und Küchenstücke angesehen werden."[23]

2.2.4. Autonome Stillleben

Stillleben als selbstständige Gattung hat sich auch nur entwickelt, weil viele verschiedene Faktoren dazu beigetragen haben. Zum einen war der „Ersatz der menschlichen Figur durch ein Objekt als Träger einer inhaltlichen Botschaft als Voraussetzung des autonomen Stillleben[s]." Zum anderen, hatten viele Künstler auch noch die malerische Fähigkeit, die Natur so detailreich wie möglich darzustellen.[24]

---

23 Artikel über Stillleben (wie Anm. 17)
24 Ebd.

Außerdem war erst durch die Auflösung der Gilde[25] ein Kunstmarkt entstanden, der die Weiterentwicklung von Stillleben nicht mehr behinderte.[26] Aber der genaue Zeitpunkt, ab wann Stillleben eine selbstständige Gattung wurde, ist nicht bekannt, da zu viele Stillleben verloren gegangen sind. „Sicher ist, dass das Stillleben sich in Europa am Ende des 16. und Anfang des 17. Jahrhunderts als eigenständige Gattung zu formieren begann (...)" Vor allem in den Niederlanden, Deutschland, Italien und Spanien waren stilllebenartige Gemälde sehr beliebt und in diesen Ländern trat diese Gattung im 17. Jahrhundert auch zuerst auf.[27]

2.2.5. Barock

Am Beginn des 17. Jahrhunderts gab es in Holland ein enormes Interesse an exotischen Pflanzen und Blumenzwiebeln, dabei verstärkte sich auch der Handel mit anderen europäischen Ländern. Die exotischen Pflanzen hatten einen enormen Wert und somit wurden auch immer mehr Bilder von den wertvollen Blumen gemalt.[28]

Vor allem die Stadt Utrecht war das Zentrum von diversen Blumen- und Früchtestillleben. Aber nicht nur in Utrecht, sondern in ganz Holland und Flandern war das Stillleben sehr weit verbreitet und erlebte im Barock seine Blütezeit. Die Künstler wollten in ihren Künsten die Schönheit der Natur und des alltäglichen Lebens erfassen, aber sie wollten „auch eine verschlüsselte Botschaft [und] einen gedanklichen Inhalt (...) vermitteln." Die verschlüsselte auch moralische Botschaft, die durch Symbole dargestellt wurde, trat dabei immer mehr in den Hintergrund. Gegen Ende des 17. Jahrhunderts galt Stillleben mehr oder weniger nur noch als dekoratives Gemälde, das darum auch als Prunkstillleben bezeichnet wurde.[29]

---

25 Definition von Gilde laut: http://de.wikipedia.org/wiki/Gilde_(Kaufleute) : *Eine Gilde im engeren Sinne war im Mittelalter ein selbstnütziger und durch einen Schwur besiegelter Zusammenschluss von Kaufleuten (...)*
26 Artikel über Stillleben (wie Anm. 17)
27 Ebd.
28 Schuster (wie Anm. 18)
29 Artikel über Stillleben (wie Anm. 17)

2.2.6. 18.Jahrhundert

Durch den Qualitätsverlust im 18. Jahrhundert gehörte das Stillleben fast zu dem untersten Rang aller Bildgattungen.[30] Dabei verlor ein Teil der Gesellschaft das Interesse und ihre Erwartungen an diese Kunst. Somit hatten die Künstler mehr Freiheit und konnten sich mit anderen Themen in der Kunst beschäftigen, wie mit Licht, Farbe und Komposition der Gegenstände.[31]

Der französischer Künstler Jean Sinéon Chardin befreite das Stillleben endgültig von seiner symbolischen Bedeutung, er verwendete sehr viele verschiedene Farben, was vor allem die Impressionisten sehr begeisterte.[32]

2.2.7. 19. Jahrhundert

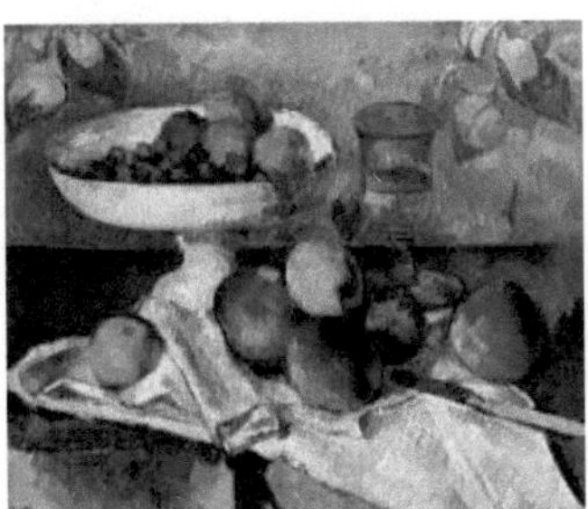

Abbildung 2:Cézanne: „stillleben mit Obstschale"

Im 19. Jahrhundert verlor die Bildgattung Stillleben ihre inhaltliche und moralische Botschaft, Farbe und Form wurden immer mehr in den Vordergrund gestellt. Vor allem Impressionisten und Realisten gaben „dem Stillleben eine [ganz] neue Bedeutung." Der Künstler Cézanne[33], zeigte mit seinen Stillleben dass Farbe und Komposition wichtiger sind als die Bedeutung der einzelnen Objekte.[34]

---

30 Schuster (wie Anm. 18); Artikel über Stillleben (wie Anm. 17)
31 Schuster (wie Anm. 18)
32 Artikel über Stillleben (wie Anm. 17)
33 Der Künstler Cézanne: http://de.wikipedia.org/wiki/Paul_Cézanne : *Paul Cézanne (* 19. Januar 1839 in Aix-en-Provence; † 22. Oktober 1906 ebenda) war ein französischer Maler.*
34 Schuster (wie Anm. 18)

2.2.8. 20. Jahrhundert

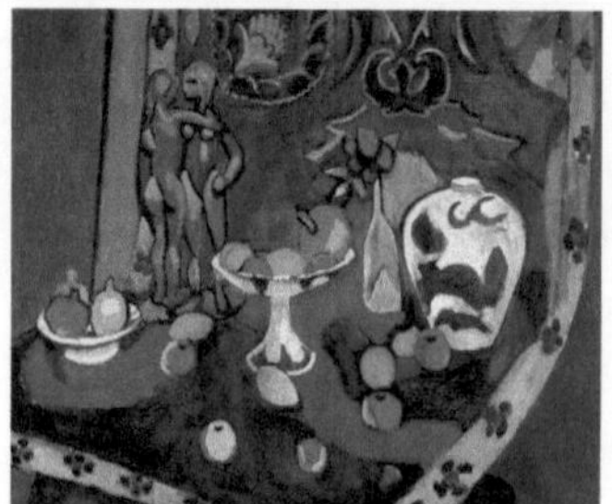

Abbildung 3: Henri Matisse:
„stillleben mit Obst neben Bronze-
Statue"

Der spanische Künstler Matisse hat die Bedeutung der Formen von den Bildgegenständen so sehr in den Vordergrund gestellt, dass die anderen wichtigen Faktoren wie Komposition und Bedeutung in den Hintergrund traten. Farben und Formen werden in seinen Bildern dazu benutzt, die einzelnen Gegenstände zu vereinheitlichen und zu einem Ganzen zu machen.[35]

2.2.9. Fotografische Stillleben

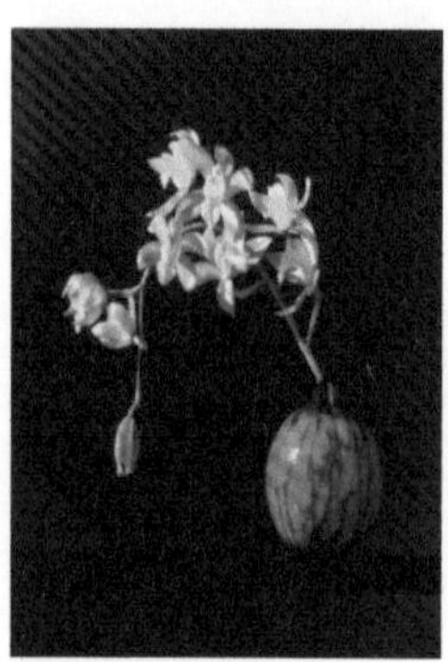

Abbildung 4: Robert
Mapplethorpe:
"Orchideen"

Die technologische Weiterentwicklung ermöglichte es den Künstlern mit einfachen Mitteln ein Stillleben abzulichten. Diese Art von Stillleben wird öfters als „still-life- photography" bezeichnet.[36]

Im Laufe der Jahrhunderte haben sich die Themen bei den einzelnen Bildern immer wieder verändert. Angefangen von Obst und Früchten bis hin zu Vanitas[37] Stillleben wurde fast jeder Gegenstand schon einmal dargestellt. In der modernen Gesellschaft hat die Bedeutung von Stillleben eine ganz andere Wertigkeit bekommen.[38]

---

35 Schuster (wie Anm. 18)
36 Artikel über Stillleben (wie Anm. 17)
37 Definition von Vanitas laut http://de.wikipedia.org/wiki/Vanitas: *Vanitas (lat. „leerer Schein, Nichtigkeit, Eitelkeit"; auch „Lüge, Prahlerei, Misserfolg oder Vergeblichkeit") ist ein Wort für die jüdisch-christliche Vorstellung von der Vergänglichkeit alles Irdischen.*
38 Mitschrift einer gestellten Frage zum Thema Stillleben an Herr Professor Hirtenfelder; Bundesgymasium Egg; 19.12.11

14

3. Untergattungen von Stillleben

Als sich die Gattung Stillleben zu einer autonomen Bildgattung entwickelte, sind
viele verschiedene Untergattungen entstanden. Viele Künstler fingen an, „sich auf
den einen oder anderen Typus zu spezialisieren". Diese sehr rasche Entwicklung
konnte nur geschehen, weil in den Niederlanden diese Kunst sehr hoch geschätzt
wurde. In anderen Ländern, die „stärker von akademischen Lehren" bestimmt
waren, wie Italien und Frankreich, wurde das Stillleben nicht so sehr geschätzt. Es
gibt eine Bandbreite von verschiedenen Untergattungen, einige davon sind
Blumen-, Früchte-, Jagd-, Markt – und Küchenstillleben und Vanitas- Stillleben.[39]

3.1 Blumenstillleben

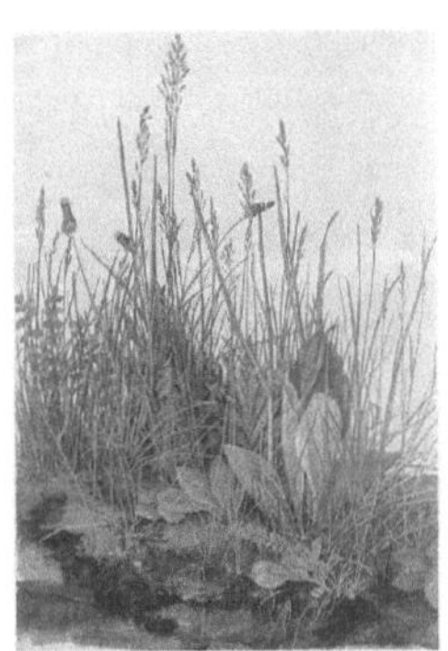

Abbildung 5: Albrecht Dürer: "Das große Rasenstück"

Das Blumenstillleben hat sich im 16. Jahrhundert zu
einer selbstständigen Gattung entwickelt. Im
Mittelalter hat man Blumen mit Heilkräutern
assoziiert oder sie wurden als religiöse Symbole
angesehen. Aber durch die „geographischen
Entdeckungen des 16. Jahrhunderts (…) [wuchs]
[auch] das Interesse an exotischen Blumen."
Dadurch, dass Blumen sehr selten und meist sehr
teuer waren, haben Hofmaler angefangen sie auf
ihren Bildern in den Vordergrund zu stellen. Die
Blume als eigenständiges Motiv hat sehr viele
verschiedene Funktionen. Einerseits galt die Blume

als christliches Symbol und wurde häufig als Sinnbild für die Vergänglichkeit
eingesetzt. Anderseits spiegelten die exotischen Blumen auch Reichtum und
Seltenheit wieder, da sie meistens aus sehr fernen Ländern importiert wurden.[40]

---

39 Kirschenmann, Johannes; Wettengl, Kurt: stillleben. Kunst- und kulturgeschichtliche Aspekte
einer Gattung; Kunsthistorische Forschugnsansätzte zum Stillleben, und Typen des Stilllebens;
Köln 1994; Vgl. 3. Kunsthistorische Forschungsansätze zum stillleben und 4. Typen des stilllebens
40 Kirschenmann; Wettengl (wie Anm. 39) 4.1. Blumenstillleben

Die Blumenstillleben waren „auch [ein] Ersatz für nichtgemachte ästhetische Erfahrungen". „[Da nur] die Tulpenzwiebeln (…) Handelswaren [waren] nicht aber die aufgeblühten Pflanzen." So sah man auf diversen Bildern die Schönheit der Blumen, wie man sie in der Realität nie erblicken konnte. Die Vertreter der frühen Stilllebenmalerei waren vor allem Jan Brueghel, Jacques de Gheyn und Dürer. Obwohl Dürer im 15. Jahrhundert gelebt hat, hat er mit seinem Bild „Das große Rasenstück", das später entwickelte Blumenstillleben geprägt. [41]

3.2 Früchtestillleben

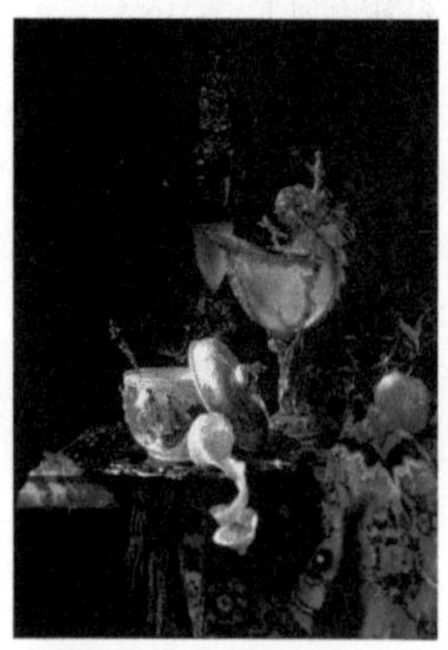

Abbildung 6: Willem Kalf: "stillleben mit Nautilusbecher"

Da das Früchtestillleben sehr ähnliche Ansätze wie das Blumen- und Frühstücksstillleben hatte, war es schwer eine klare „Grenze zwischen Früchtebildern und anderen Stillleben zu ziehen." Bevor sich das Früchtestillleben zu einer eigenständigen Gattung entwickelte, hat man diesen Bildtypus oft in religiösen Bildern und Porträts wiedergefunden. Vor allem die Künstler Aertsen und Beuckelaer gaben diesem Typus eine ganz neue Bedeutung. Bei ihren Gemälden trat die symbolische Bedeutung der Früchte und deren moralische Botschaft in den Vordergrund und war meist ein Sinnbild für „Reichtum und Wohlstand." Früchtestillleben hatten verschiedene Funktionen. Zum einen „eigneten sich [die Bilder] zur Übermittlung [von] religiös-moralischen Botschaften." Wie das Blumenstillleben könnte das Früchtestillleben auch ein Hinweis für den Tod sein, da Früchte auch nur für kurze Dauer in ihrer Schönheit strahlen. Zum anderen weisen die Bilder auf den „sozialen Status" hin, da sich importierte Früchte nur sehr wohlhabende Leute leisten konnten. Deshalb gelten sie auch als Symbol für Reichtum und Luxus.[42]

---

41 Kirschenmann; Wettengl (wie Anm. 39) 4.1. Blumenstillleben
42 Kirschenmann; Wettengl (wie Anm. 39) 4.2. Fruchtstillleben

Außerdem waren die Bilder sehr dekorativ, da im 18. Jahrhundert die moralische Botschaft ja sowieso in den Hintergrund getreten ist. Eine andere Funktion war dass, „das Malen von Früchten (…) [zur] Ausbildung des Malers" gehörte. Als Vertreter dieses Typus galten: Willem Kalf, Nicolaes Gillis und Floris van Schooten.[43]

3.3 Jagdstillleben

Das Jagdstillleben ist eng verbunden mit dem Küchenstück. Vor allem die frühere Oberschicht, speziell der Adel, war sehr an diesem besonderen Typus interessiert. Die Jagd war ja meist ein Privileg vom damals herrschenden Adel.[44]

Der flämische Maler Frans Snyders arbeitete mit Jan Brueghel und Peter Paul Rubens zusammen und beeinflusste deren Kunst durch hinzufügen von Tiermotiven. Seine Bilder heben sich von dem klassischen „Nature morte" ab, da er zu den toten Tieren meistens auch lebende Tiere hinzumalte. So entstand in seinen Bildern ein Kontrast zwischen Leben und Tod.[45]

Das Jagdstillleben repräsentierte oft geschlachtete Tiere und dies galt als Symbol für die feudale Gesellschaft[46].[47]

Außerdem hatte das Jagdstillleben auch noch einen engen Zusammenhang mit dem Vanitas-Gedanken,[48] da die toten Tiere symbolisch für den Zerfall allen irdischen Lebens standen.

---

43 Kirschenmann; Wettengl (wie Anm. 39) 4.2. Fruchtstillleben
44 Schneider, Norbert; Köln 1999; S.51
45 Ebd., S. 52
46 Definition von Feudale Gesellschaft laut: http://de.wikipedia.org/wiki/Feudale_Gesellschaft :
Der Ausdruck Feudalismus (vom lateinischen feudum = „Lehen" → Lehnswesen) bezeichnet in den Sozialwissenschaften vor allem die Gesellschafts- und Wirtschaftsform des europäischen Mittelalters.
47 Schneider (wie Anm. 11), S. 53
48 Sinn und Sinnlichkeit; Das Jagdstillleben; URL: http://www.kgi.ruhr-uni-bochum.de/stillleben/data/html/6/1.htm in der Fassung vom 24.01.12

3.4 <u>Markt- und Küchenstilllleben</u>

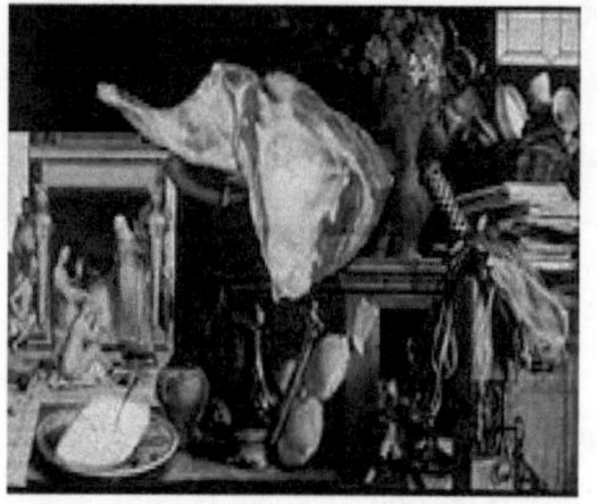

Abbildung 7: Pieter Aertsen: „Metzgerladen mit Flucht nach Ägypten"

Das Markt- und Küchenstilllleben trat öfters im Zusammenhang mit Genrebildern auf und entstand am Anfang des 16. Jahrhunderts. Vor allem Pieter Aertsen und sein Neffe Joachim Beuckelaer galten als wichtige Vertreter dieses Genres. Meistens beinhalteten die Bilder: „Ernte und Präsentation von Obst und Gemüse, Fleisch- und Fischstände, Metzgereien mit Schlachttieren, Vorratskammern und Küchen." Zudem beinhalteten die Bilder meist auch „christliche Themen, moralische Appelle oder (…) erotische Anspielungen."[49]

3.5 <u>Vanitas- Stillleben</u>

4. Vanitas- Stillleben

„Wo im Wald an starken Bäumen Schaukeln schwangen, Kinder lachten
Baumeln Zeugen der Verzweiflung, rauhe Stricke, Kalte Leichen
Wo ich manches mal im Park das Leben liebte, trieben träge
Die Kadaver toter Enten auf den stinkend seichten Teichen
Wo sind die Schätze, die wir fanden?
Wo sind die Stunden, die verschwanden?
Ich sehe keine Farben mehr, nur Tod und das, was früher war
Mein Spiegelbild ein Grabstein, an dem sich erträumte Ghoule laben
Leere Hände fahren teilnahmslos hinauf zu hohlen Wangen
Meisen, Amsen werfen nun die Schatten von Geiern und Raben
Wo ist das Lachen, das wir kannten?
Wo sind die Pfade, die verbanden?
Halb erfror´ne Fremde haben letzte Nacht im kargen Park
Den Stauen die Kleider grob und ungeschickt vom Leib geschlagen[50]

---

49 Sinn und Sinnlichkeit; Markt und Küchenstilllleben; URL: http://www.kgi.ruhr-uni-bochum.de/stillleben/data/html/5/1.htm in der Fassung vom 24.01.12
50 Dark Lyriks; URL: http://www.darklyrics.com/n/nocteobducta.html in der Fassung vom

Und der Kelch des Lebens, unter meinem schweren Schritt ist er
Zerbroch´nes Glas, an dem süße Wein noch klebt aus alten Tagen
„Die fetten Jahre sind vorbei“
Es steht an all den hohen Mauern
Und es quillt aus all den Mäulern
Die um all die Jahre trauern
„Der Born der Freunde ist versiegt“
Murrt das Volk in den Tavernen
Und an Gräbern kniet ein Mann
Der musste töten, um zu lernen“[51]

4.1 Definition von Vanitas

Bei dieser Textpassage handelt es sich um das Lied „vorbei“, dass von der

deutschen Dark-Black Metal Band „Nocte Obducta“ geschrieben wurde.[52]

In diesem Lied rücken Gedanken über den Tod, das Leid und die Vergänglichkeit

des Lebens in den Vordergrund. Dies sind Elemente aus dem früheren Vanitas-

Gedanken, der sich vor mehreren hunderten von Jahren entwickelte. Das Lied

„vorbei“ ist eine moderne Wiedergabe dieses antiken Gedankengutes.

Vanitas kommt aus dem lateinischen und bedeutet so viel wie „Eitelkeit“ aber

auch „wertlos“ oder „vergänglich“. Das Vanitas- Stillleben ist eine besondere

Form der Stilllebenmalerei und entwickelte sich im Barock zu einer selbständigen

und wichtigen Untergattung. Das Prinzip der Stilllebenmalerei war zwar das

Gleiche, aber im Vordergrund stand jetzt nicht nur die naturgetreue Darstellung,

sondern auch die sinnbildliche Bedeutung der verwendeten Gegenstände. Da zu

den leblosen Gegenständen zusätzliche Symbole der Vergänglichkeit hinzugefügt

wurden, kam es zu dieser neuen sinnbildlichen Bedeutung, die in fast jedem

Stillleben- Kunstwerk im Barock zu finden ist.[53]

28.10.11

51 Dark Lyriks; URL: http://www.darklyrics.com/n/nocteobducta.html in der Fassung vom
28.10.11

52 Nocte Obducta; Wikipedia. URL: http://de.wikipedia.org/wiki/Nocte_Obducta in der Fassung
vom 5.2.12

53 Alber Susanne: Notizen aus dem Leben warten auf dein Kommentar; Vanitas Stillleben; URL:
http://susannealbers.de/blog/2010/02/19/vanitas-stillleben/ in der Fassung vom 21. 10.11

4.2 <u>Entwicklung von Vanitas- Stillleben</u>

Das Vanitas- Stillleben verdankt dem Prediger Salomo, aus dem Buche Kohelet im alten Testament, seinen Namen. Nach seiner Redewendung „Vanitas vanitatum, et onmia vanitas", was soviel heißt wie „Vergänglichkeit des Vergänglichen und alles ist vergänglich", wurde diese besondere Form der Stilllebengattung „vanitas" genannt.[54]

Im 17. Jahrhundert gab es kaum Bilder, die keinen Verweis auf die irdische Existenz und deren Reichtümer beinhalteten. Vor allem in der ersten Hälfte des 17. Jahrhunderts ist zu den teuren Luxusgütern ein bildhaft dargestellter Hinweis, der auf die menschliche Eitelkeit verweist.[55]

Zudem hat jedes allegorisch dargestellte Bild in der das „memento mori" dargestellt wird, eine andere interessante Interpretation.[56]

Im Großen und Ganzen ist es eine jüdisch- christliche Vorstellung und die verwendeten Symbole dienten als religiöse Warnung vor dem Tod. Dieser Gedanke blieb bis heute aktuell, da er in vielen Gedichten aber auch Liedern vorkommt.[57]

„In dem Moment, in dem man lacht,
Wenn die Liebe in einem erwacht
Muss ein anderer Mensch leiden,
Ein anderes Paar scheiden
Die Existenz ist so absurd
Sieht man den Tod in der Geburt"[58]

Das ist ein kurzer Liedtextausschnitt aus dem Lied „Absurde Existenz", dass von der österreichischen Dark- Metal Band „Vanitas" geschrieben wurde.[59]

---

54 Zimmermann und Heitmann: Kunsthaus seit 1879; Vanitas Stillleben; URL: http://www.zimmermann-heitmann.de/lexikon/v/vanitas-stillleben.html in der Fassung vom 21.10.11
55 Vanitas- Stillleben; Wikipedia; URL: http://de.wikipedia.org/wiki/Vanitas-Stillleben in der Fassung vom 21.10.11
56 Alber (wie Anm. 53)
57 Zimmermann und Heitmann (wie Anm. 54)
58 Songtexte- Mania; Vanitas Songtexte; URL: http://www.songtextemania.com/vanitas_songtexte.html in der Fassung vom 28.10.11
59 Vanitas; Wikipedia; URL: http://de.wikipedia.org/wiki/Vanitas_(Band) in der Fassung vom 5.2.12

Viele Dark- Black Metal Bands wie Nocte Obducta und Vanitas beschäftigen sich mit derartigen Gedanken und entwickeln daraus viele individuelle Liedtexte, wie man in diesem Liedtextausschnitt erkennen kann.

„Die Vanitas- Symbole finden sich zum Teil auch in der Darstellung des „memento mori" wieder. „Memento mori" bedeutet übersetzt: „Gedenke, dass du sterblich bist".[60]
Vieler dieser verwendeten Symbole tauchten schon in der Kunst der Gotik und Renaissance auf. Das Konzept der „memento mori" geht bis in die römische Antike zurück und diente dazu, den Menschen an seine Sterblichkeit zu erinnern. Im Mittelalter findet man auf vielen heidnischen Grabsteinen, die mit Bildern und Texten geschmückt sind, Hinweise auf die Vergänglichkeit. Aber nach mittelalterlich- religiöser Auffassung, blieb das, was auf einem Bild abgebildet ist, alles „Schein", weil das Wesentliche, das sich im Leben abgespielt hat, sich nicht festhalten lässt.[61]

Erst im 16. Jahrhundert entwickelte sich das Vanitas zu einer eigenständigen Untergattung des Stilllebens. Der Entstehungsort dieser ausgeprägten Untergattung war Flandern. Aber sie erlebte ihre Blütezeit erst im ersten Drittel des 17. Jahrhunderts, in den niederländischen Städten Leiden und Haarlem. Die Hauptvertreter sind bis heute noch David Bailly, Pieter Pott und auch Pieter und Willem Claesz. In dem sie Symbole des Todes und der Vergänglichkeit in Form von Totenschädeln, verwelkten Blumen, Stundengläsern und erlöschenden Kerzen verwendeten, wollten sie die damaligen Ängste der Bevöllkerung und deren Kriege in ihren Bildern symbolisch darstellen.[62]

---

60 Vanitas und Memento Mori; URL: http://home.arcor.de/reisner/liebeslyrik/bavanitas.htm in der Fassung vom 28.10.11
61 Vanitas; Wikipedia; URL: http://de.wikipedia.org/wiki/Vanitas in der Fassung vom 28.10.11
62 Vanitas und Memento Mori (wie Anm. 60);
Cavalli-Björkman, Görel: Vanitas-stillleben als Phänomen des Krisenbewußtseins; Münster 1998;
1648 Krieg und Frieden in Europa; URL: http://www.lwl.org/westfaelische-geschichte/portal/Internet/finde/langDatensatz.php?urlID=511&url_tabelle=tab_texte in der Fassung vom 21.10.11;
Claesz, Pieter; Vanitas- stillleben (stillleben mit Glaskugel);
URL: http://kunst.gymszbad.de/zab2006/ts-3/heda/stillleben/claesz.htm in der Fassung vom 21.10.11;

4.3 Der geschichtliche Hintergrund

Das Vanitas- Stillleben wurde durch drei große, damals herrschende Phänomene
beeinflusst und entfaltete sich zu diesem sehr philosophischen Bildtypus. Zu
einem war Leiden, der Ursprung dieses Typus, stark von dem herrschenden
Calvinismus[63] beeinflusst. Die Calvinisten forderten von ihren Anhängern, „allem
Weltlichen zu misstrauen" und ein streng moralisches Leben zu führen.[64]
Daher entsprach der Vanitas- Gedanke ganz der „didaktischen Neigung der
bürgerlich- calvinistischen Bevölkerung",da sie jegliches Vergnügen als
Ablenkung und Vergeudung ihrer Zeit ansahen. Die strikte moralische
Weltanschauung der Calvinisten war häufig die Hauptinspirationsquelle der
niederländischen Maler. Die damaligen Maler wollten den Betrachter zum
Nachdenken bringen und „die Aufmerksamkeit auf die Vergänglichkeit des
Lebens und die Eitelkeit aller Dinge lenken". Vielmals waren die
Inspirationsquellen auch Bibelzitate aus dem Buch Kohelet im alten Testament.[65]
Aber nicht nur der strenge Calvinismus beeinflusste viele damalige Bilder des
Barocks, sondern auch der verstärkte Neostoizismus[66] des späteren 16.
Jahrhunderts. Die weite Verbreitung dieses Gedankenguts in den Niederlanden
hatte vielmals auch eine entscheidende Rolle gespielt. Der Stoizismus[67] lehrte den
Menschen, dass das „Streben nach Glück(,) letztlich ein Streben nach Tugend"
sei.[68]

Alber (wie Anm. 53)

63 Definition von Calvinismus laut: http://www.cosmiq.de/qa/show/1468337/Calvinismus/ : *Der
Calvinismus (auch Kalvinismus) ist eine theologische Bewegung, die auf der Reformation und
insbesondere den Lehren von Johannes Calvin beruht.*

64 Claesz, Pieter. Vanitas- stillleben (stillleben mit Glaskugel). URL:
http://kunst.gymszbad.de/zab2006/ts-3/heda/stillleben/claesz.htm in der Fassung vom 21.10.11

65 Cavalli-Björkman, Görel: Vanitas-stillleben als Phänomen des Krisenbewußtseins; Münster
1998; 1648 Krieg und Frieden in Europa. URL: http://www.lwl.org/westfaelische-
geschichte/portal/Internet/finde/langDatensatz.php?urlID=511&url_tabelle=tab_texte in der
Fassung vom 21.10.11

66 Definition von Neostoizismus laut: Herr Professor Michael Bartenstein: *Wiederaufleben der
Stoa.*

67 Definition von Stoizismus laut: http://www.enzyklo.de/Begriff/Stoizismus : *Stoizismus , Lehre
der Stoiker (s. d.); streng moralisches oder vielmehr finsteres, freudenloses Leben.*

68 Cavalli- Björkman (wie Anm. 65)

Somit stellen die stoischen Texte den Weg zur Tugend[69] dar und das Vanitas-Stillleben die Dinge, die hilfreich und hinderlich zu diesem Streben sein können. Im Großen und Ganzen kann man die Bilder von zwei unterschiedlichen Seiten betrachten, entweder seitens der Calvinisten oder seitens der Stoizisten. Die streng moralische Seite, mit den Hinweisen auf die kurze Existenz des Lebens oder das Streben nach Tugend und die Hindernisse, die dabei überwunden werden müssen.[70]

Das Vanitas- Stillleben wurde nicht nur von diesen zwei unterschiedlichen Weltanschauungen beeinflusst, sondern auch von den damalig herrschenden Zuständen, die Europa erschütterten. Der Dreißigjährige- Krieg und die Pestepidemien hatten auch eine entscheidende Rolle in dieser Entwicklung gespielt. Dieser Krieg, der ein Religionskrieg zwischen Protestanten und Katholiken war, wurde durch den Prager Fenstersturz ausgelöst.[71]

Es kann daher kein Zufall sein, dass in vielen Ländern dieser hochentwickelte Bildtypus im Dreißigjährigen- Krieg seine Blütezeit hatte. Zu diesem Religionskrieg kam noch hinzu, dass in der zweiten Hälfte des 17. Jahrhunderts die Pest in Europa wütete und viele Menschen Opfer dieser Krankheit wurden. Die Pest war auch unter den damaligen Namen „der Schwarz Tod" bekannt und bedeute für jeden Infizierten den Tod, da es keine Chance auf Heilung gab. Viele Vanitas- Gemälde waren demnach ein Ausdruck der damaligen Zustände wie Kriege, Krankheiten und Weltanschauungen.[72]

---

69 Definition von Tugend laut: http://de.wikipedia.org/wiki/Tugend : *Unter Tugend (herkömmlich: taugen im Sinne einer allgemeinen Tauglichkeit, lateinisch virtus, griech. ἀρετή, arete) versteht man eine Fähigkeit und innere Haltung, das Gute mit innerer Neigung (das heißt: leicht und mit Freude) zu tun.*
70 Cavalli- Björkman (wie Anm. 65)
71 Jackel, Adolf; Geschichte Heft; 6ab; Thema: 30 jähriger Krieg; Schuljahr:09/10
72 Cavalli- Björkman (wie Anm. 65)

Da das Vanitas- Stillleben von den damaligen Kriegen sehr stark beeinflusst wurde, hat nach dem Westfälischen Frieden von 1648 die Häufigkeit dieses Bildtypuses wieder abgenommen.[73]

4.4 Die Entwicklung in den anderen Ländern

Das Vanitas- Stillleben entstand demnach in Ländern wie Holland, Flandern, Deutschland, Italien und Spanien. Diese Länder haben eines gemeinsam, die verschieden herrschenden politischen und sozialen Systeme und die religiösen Differenzen. So kam es auch, dass sich in jedem von diesen Ländern das Vanitas- Stillleben unabhängig voneinander entwickelte. In Frankreich hatte sich diese Bildgattung unabhängig von den Niederlanden entwickelt. Im Vordergrund war die philosophische Haltung zum Leben, wie in dem Gemälde von Philippe de Champaigne dargestellt wird. [74]

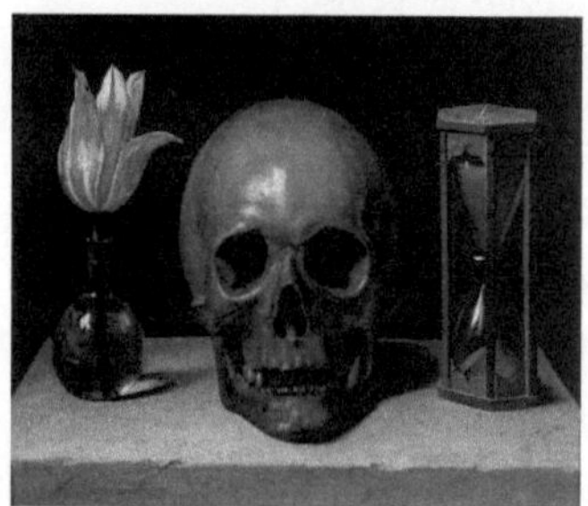

Das Leben = Blume

Tot = Totenschädel

Zeit = Stundenglas

Abbildung 8: Philippe de Champaigne: "Vanitas"

„Der Mensch sollte ihm [dem Schädel] in die eingefallene Augen blicken und sich all mögliche Fragen über das Leben und dessen Sinn stellen (...)"[75]

---

73 Cavalli- Björkman (wie Anm. 65)
74 Ebd.
75 Ebd.

In Italien war der Vanitas- Gedanke kein gängiges Thema, dafür aber verstärkt in Spanien. Die spanischen Vanitas- Gemälde waren dramatischer als die niederländischen, da die Bilder mit der „Sterblichkeit des Menschen verbunden war[en]". Nach dem Dreißigjährigen- Krieg findet man in vielen spanischen Bildern eine versteckte, politische Botschaft, da Spanien durch hohe Kriegsausgaben fast vollständig ruiniert war. [76]

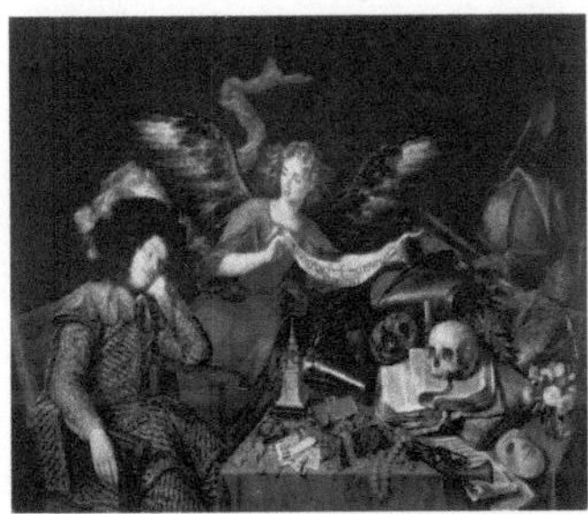
Abbildung 9: Antonio Pereda "El desengaño del mundo"

„El desengaño del mundo" (Die Ernüchterung der Welt) gemalt von dem spanischen Künstler Antonio Pereda. Dieses Ölgemälde ist eine Mischung aus weltlichem Realismus und Sinnbildlichkeit. Die versteckten Hinweise deuten auf die Probleme der kaiserlichen Macht hin. [77]

4.5 Die drei großen Gruppen der Vanitas- Bildgegenstände

Die Bildgegenstände die in Vanitas- Bildern verwendet werden, lassen sich in drei große Gruppen unterteilen:

4.5.1 Symbole des weltlichen Lebens

Symbole des weltlichen Lebens und der irdischen Existenz, „deren Wert nur scheinbar beständig ist": Musikinstrumente, Bücher, Geld und Kostbarkeiten, Insignien von Macht, Größe und Werke der bildenden Kunst. Dies sind alles Gegenstände, die verschiedene Bereiche des Lebens umfassen.[78]

---

76 Cavalli- Björkman (wie Anm. 65)
77 Ebd.
78 Claesz, Pieter; Vanitas- Stillleben (wie Anm. 64)
   Vanitas Stillleben (wie Anm. 55)

Symbole des „des tätigen Alltags [(Sinnbilder der Macht und des menschlichen Besitzes)].“[79]

*Symbole „des geistigen Lebens in Kunst und Wissenschaft [(Al*s Zeichen der Beschäftigung mit Literatur, Kunst und Wissenschaft)].“[80]

Symbole „des Genusses und der Wollust [(Hinweise auf sinnliche Genüsse und Vergnügungen)].“[81]
Sie warnen den Betrachter nicht nur vor der Vergänglichkeit des Lebens, sondern es ist auch eine Warnung vor dem Hochmut der Wissenschaft und der Sündhaftigkeit, zu der diese Dinge verleiten.[82]

4.5.2 Symbole der Vergänglichkeit

Die zweite Gruppe umfasst Gegenstände, die auf die Vergänglichkeit des Lebens und deren Zerfall hinweist: „Totenschädel, Sanduhren, erloschene Kerzen, verwelkte Blumen, Seifenblasen, Öllampen und umgestürzte oder zerbrochene Gläser.“[83]

4.5.3 Symbole des Christentums

Die dritte Gruppen umfasst die „Sinnbilder der Auferstehung zum ewigen Leben“ [und der Wiedergeburt] wie „Kornähen, Lorbeer und Efeuzweige“[84]

---

79 Claesz, Pieter; Vanitas- Stillleben (wie Anm. 64)
   Vanitas Stillleben (wie Anm. 55)
80 Ebd.
81 Ebd.
82 Cavalli- Björkman (wie Anm. 65)
83 Claesz, Pieter; Vanitas- Stillleben (wie Anm. 64)
   Vanitas Stillleben (wie Anm. 55)
84 Ebd.

4.6 Bedeutung der Sinnbilder

4.6.1   Sinnbilder des weltlichen Lebens

Bücher

Bücher sind ein Symbol für die Gelehrsamkeit aber auch zugleich ein
Sinnbild für die Vergänglichkeit, da das Streben nach Wissen vergänglich
ist.[85]

Luxusgüter (Geld und Kostbarkeiten)

„(...) stehen für Luxus [und] für das menschliche Streben nach materiellen
Reichtümern.“[86]

Machtinsignien (Krone und Helme)

„Zeichen für die vergängliche irdische Weltordnung, der die himmlische
Weltordnung als ewige Institution gegenübersteht.“[87]

4.6.2   Sinnbilder der Vergänglichkeit

Totenschädel

Der Totenschädel ist ein Symbol für die Vergänglichkeit des menschlichen
Lebens. „Der Betrachter soll den Totenschädel als sein Spiegelbild
wahrnehmen.“[88]

Sanduhr

Die Sanduhr ist ein Symbol für die kurze Lebenszeit der Menschheit. „Mit
dem Tod ist in[m] sprichwörtlichen[m] Sinn die Zeit abgelaufen.“[89]

---

85 Vanitas Stillleben (wie Anm. 55);
   Vanitas; Wikipedia, URL: http://de.wikipedia.org/wiki/Vanitas in der Fassung vom 28.10.11
86 Vanitas, Wikipedia; URL: http://de.wikipedia.org/wiki/Vanitas in der Fassung vom 28.10.11
87 Ebd.
88 Ebd.
89 Symbole in Stichworten; URL: http://www.literaturbaum.de/Symbole.doc in der Fassung vom
   1.11.11

Verwelkte Blumen

Die verwelkten Blumen sind ein Zeichen der Vergänglichkeit.[90]

Kerzen

Eine „brennende Kerze ist Sinnbild für Materie und Geist, die Flamme steht für die menschliche Seele, ihr Verlöschen für den Tod."[91]

4.6.3   Christliche Sinnbilder

Perle

Die Perle ist ein Zeichen für Vollkommenheit und Reinheit.[92]

Ei

Das Ei ist ein Symbol für die Auferstehung, da das Ei das Leben in sich trägt.[93]

Elfenbein

Das Elfenbein ist als Symbol für die Reinheit und Beständigkeit zu verstehen.[94]

4.7 Zusätzliche verwendete Vanitaszeichen

Typische Vanitaszeichen waren auch die unterschiedlichen Farbtöne. Es wurden dunkle Farbtöne verwendet, um die allgegenwärtige Nähe des Todes zu verdeutlichen.[95]

---

90 Symbole in Stichworten. URL: http://www.literaturbaum.de/Symbole.doc in der Fassung vom 1.11.11
91 Ebd.
92 Vanitas (wie Anm. 86)
93 Ebd.
94 Ebd.
95 Vanitas; URL: http://www.kunstdirekt.net/Symbole/symbolvanitas.htm in der Fassung vom 21.10.11

28

Die meisten Vanitas- Bilder zeigen nicht nur eine symbolische Darstellung des weltlichen Lebens, sondern es wird auch der dazugehörige Gedanke oder ein Bibelzitat dem Bild beigefügt. Ein Zitat wurde öfters hinzugefügt, damit das frühere Bürgertum die Vanitas- Symbolik besser verstanden hat.[96]

Nach Calvins Lehre mussten die Menschen lesen können, um die heiligen Worte zu verstehen. Wenn eine allegorische Botschaft in so einem Bild vorhanden war, dann dazu, um entschlüsselt zu werden. Um diese Sinnsprüche zu entschlüsseln, sollten die Betrachter ihren Intellekt gebrauchen oder ein Symbolwörterbuch verwenden. Außerdem war Calvin der Meinung, dass die Menschen durch den Gebrauch seiner Sinne sich zwar über die Welt erfreuen, aber den tieferen Sinn nicht verstehen.[97]

Beliebte Sinnsprüche waren: „Memento mori (Gedenke, dass du sterblich bist) und Carpe Diem (Genieße den Tag)."[98]

Aber nicht nur Künstler, sondern auch sehr viele Lyriker haben sich mit dem Vanitas- Gedanken beschäftigt und verfassten die unterschiedlichsten Gedichte.

„Was itzund prächtig blüht, soll bald zertreten werden.
Was itzt so pocht und trotzt ist Morgen Asch und Bein
Nichts ist, das ewig sei, kein Erz, kein Marmorstein.
Itzt lacht das Glück uns an, bald donnern die Beschwerden."[99]

Das ist ein Ausschnitt aus dem Gedicht „Es ist alles eitel", geschrieben von Andreas Gryphius. Er ist einer der bekanntesten Lyriker und Dramatiker des deutschen Barockes.[100]

In diesem Ausschnitt wird die Blume symbolisch für die Vergänglichkeit verwendet. Die Blume ist ein allegorisches Symbol für das Leben, denn wie die Blume ist die menschliche Existenz dazu verdammt, zu verblühen und zu sterben.

---

96 Cavalli- Björkman (wie Anm. 65)
97 Ebd.
98 Vanitas (wie Anm. 86)
   Cavalli- Björkman (wie Anm. 65)
99 Gryphius, Andreas; Es ist alles Eitel; URL: http://lyrik.antikoerperchen.de/andreas-gryphius-es-ist-alles-eitel.textbearbeitung.106.html in der Fassung vom 28.10.11
100 Gryphius, Andreas; Wikipedia; URL: http://de.wikipedia.org/wiki/Andreas_Gryphius in der Fassung vom 5.2.12

4.8 Pieter Claesz und David Bailly

4.8.1 Pieter Claesz- Vanitas- Stillleben mit Geige und Glaskugel

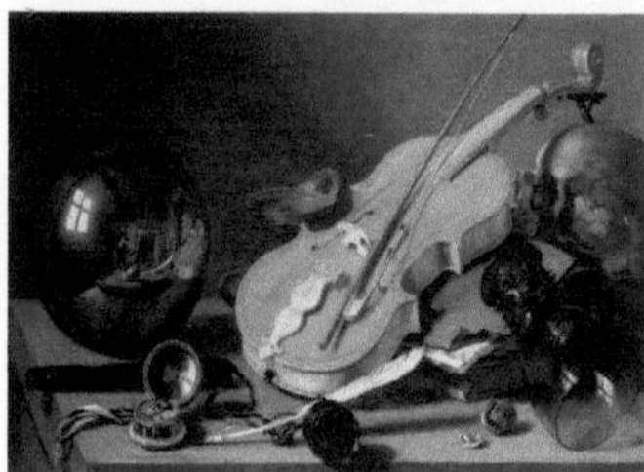

Abbildung 10 Pieter Claesz:
"Stillleben mit Geige und
Glaskugel"

„(...) Claesz war der Hauptmeister des Harleemer Stillleben[s] im 17. Jahrhundert (...)." Er war bekannt als Maler von Imbiss- und Bankett Stillleben, unter anderem malte er aber auch viele verschiedene Vanitas-Stillleben.[101]

Durch den dunklen Hintergrund werden die Gegenstände in den Vordergrund gehoben. Es befinden sich Gegenstände des weltlichen Lebens wie eine Geige, einige Bücher und eine Feder mit Etui auf diesem Gemälde. Auch Symbole der Vergänglichkeit, wie ein Totenschädel, ein umgestürztes Glas, eine Uhr und eine Glaskugel werden in diesem Gemälde dargestellt, und aber auch ein christliches Symbol ist auf diesem Bild zu finden, nämlich eine Nuss. Das wichtigste Objekt ist der Totenkopf, da er sehr detailgetreu dargestellt wird. Er ist das am häufigsten verwendete Symbol für die Vergänglichkeit. Auch „die Uhr symbolisiert die Endlichkeit und Vorläufigkeit alles Lebens (...)". Noch ein weiteres Symbol der Vergänglichkeit ist das umgefallene Glas und in diesem Bild auch die Geige, da die Musik der Geige schon längst verklungen ist. Aber auch die Glaskugel ist ein Symbol der Vergänglichkeit, da sie wie eine Seifenblase zerplatzen kann.[102]

---

101 Kunstwerk des Monats: Pieter Claesz. URL:
http://www.altertuemliches.at/termine/presse/kunstwerk-des-monats-pieter-claesz in der Fassung vom 21.10.11
102 Claesz, Pieter; Stilllebenmalerei- Vanitas (Referat); URL:
http://www.schulaufwaerts.de/pieter_chlaesz_vanitas_stillleben.htm in der Fassung vom 2.11.11
Bott, Gian Casper; Vanitas- Stillleben mit Geige und Glaskugel; In: Wolf Norbert (Hrsg.): Stillleben; S.40

In diesem Gemälde wird sie aber als Symbol für das Gegengewicht des Totenkopfes verwendet. In der Spiegelung der Kugel ist ein Selbstporträt des Künstlers zu erkennen, dies ist als eine Verewigung zu deuten und somit als Kontrast zum Tod zu verstehen. Die kleine fast unscheinbare Nuss, ist ein christliches Symbol für die Passion Christi: Die Schale ist die menschliche Natur, die zerbrach um die göttliche Natur (Kern) preiszugeben. Die weltlichen Symbole wie die Bücher und die Schreibfeder mit Etui, deuten auf den liturgischen Ruhm und die Gelehrsamkeit hin.[103]

4.8.2   *David Bailly- Selbstporträt mit Vanitassymbolen*

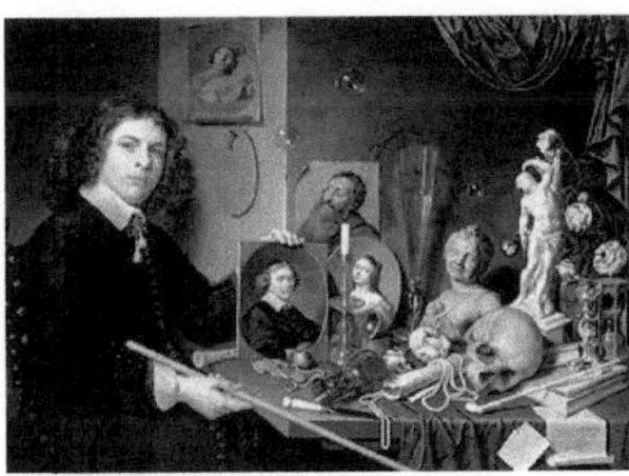

*Abbildung 11: David Bailly
"Selbstporträt mit Vanitassymbolen"*

David Bailly, ein Schüler von Jacques de Gheyn, war ein Perfektionist, der sich dem Porträtieren widmete.[104] Er galt aber auch als „wesentlicher Meister der Vanitas- Stillleben". Da er die meisten Bilder in Leiden malte, prägte er diese Stadt als Zentrum dieser anspruchsvollen Kunst.[105]

Auf seinem Selbstbildnis mit Vanitassymbolen befindet sich auf der linken Seite des Bildes der Maler selbst (David Bailly). Hinter ihm befinden sich verschiedene Porträts von Menschen und ein kleines Porträt hält er in seiner linken Hand.[106]

---

103 Claesz, Pieter; Stilllebenmalerei- Vanitas (Referat). URL:
  http://www.schulaufwaerts.de/pieter_chlaesz_vanitas_stillleben.htm in der Fassung vom
  2.11.11
  Bott, Gian Casper; Vanitas- Stillleben mit Geige und Glaskugel; In: Wolf Norbert (Hrsg.):
  Stillleben; S.40
104 Bailly, David; URL: http://www.magistrix.de/texte/Schule/Schularbeiten/Kunst/David-
  Bailly.447.html in der Fassung vom 6.11.11
105 Vanitas- Stillleben (wie Anm. 55)
  Vanitas- Stillleben. Künstler und Entwicklung. Wikipedia. URL:
  http://de.wikipedia.org/wiki/Vanitas-Stillleben#K.C3.BCnstler_und_Entwicklung in der
  Fassung vom 6.11.11
106 Vanitas- Stillleben; Künstler und Entwicklung; Wikipedia; URL:

David Bailly sieht dem Betrachter direkt in die Augen und sitzt neben einem
Tisch, der mit vielen verschiedenen Gegenständen geschmückt ist. Der Betrachter
sieht Gegenstände, die das weltliche Leben, die Vergänglichkeit und das
Christentum symbolisch widerspiegeln. Die Symbole, die auf die Vergänglichkeit
verweisen, sind der Totenkopf, die Seifenblasen, die umgestürzten Gläser, die
Kerze und die verblühte Blume. Das Geld, die Statue und der Schmuck weisen
auf die Eitelkeit aller Dinge des menschlichen Lebens und den Zerfall des Werkes
nach dem Tod hin. Das Buch weist auf das Wissen und die Flöte auf die Musik
hin, aber auch auf die Vergänglichkeit der beiden Dinge. David Bailly möchte
durch das Porträt in der Hand und mit den vielen allegorischen Gegenständen an
die kurze Lebenszeit des Menschen erinnern.[107]

Es gab noch viele weitere Künstler, die sich dem Vanitas- Stillleben widmeten,
aber es gibt wenige Künstler, die sich nur ausschließlich mit dieser Bildgattung
beschäftigten. Viele haben sich auch mit Mahlzeit-, Blumen-, Bankett-,...
Stillleben beschäftigt, wie die beiden Künstler Willem und Pieter Claesz. Aber
auch die beiden Brüder Pieter und Harmen Steenwijck waren sehr angetan von der
Vanitas- Malerei.[108]

5. Spätere Entwicklung des Vanitas und zeitgenössische Umsätzung

Im späten 17. Jahrhundert verlor die Vanitas- Thematik an Bedeutung und somit
ihre vordergründige Funktion als religiöse Warnung. Die Vanitas- Symbole
werden seither als makaberer Reiz verwendet oder ins Gegenteil umgedeutet.
Vielmals gab es Vanitas- Bilder, die vollkommen den Zusammenhang mit
Stillleben verloren haben, wie beispielsweise ein Buch das von Lesern umringt
wird.[109]

---

   http://de.wikipedia.org/wiki/Vanitas-Stillleben#K.C3.BCnstler_und_Entwicklung in der
   Fassung vom 6.11.11
107 Vanitas- Stillleben; Künstler und Entwicklung; Wikipedia. URL:
   http://de.wikipedia.org/wiki/Vanitas-Stillleben#K.C3.BCnstler_und_Entwicklung in der
   Fassung vom 6.11.11
108 Ebd.
109 Vanitas- Stillleben (wie Anm. 55)

Die Symbolik verlor fast ganz an Bedeutung, dass verwendete Farbenspiel und die
Komposition der Gegenstände wurde immer wichtiger.

5.1 Zeitgenössische Umsätzung

Durch die technologische Weiterentwicklung, wie beispielsweise die Erfindung
der Fotografie, gab es nun vielfältige Methoden um Stillleben darzustellen. Der
frühere Vanitas- Gedanke ist auch heute noch in vielen Kunstwerken zu finden.
Aber nicht nur in der Malerei, sondern auch in der Fotografie oder in Form von
verschiedenen Objekten ist der Vanitas- Gedanke vertreten.[110]

5.2 Damien Hirst

Vor allem der berühmte britische Künstler Damien Hirst beschäftigt sich in vielen
seiner Werke mit dem Leben und dem Tod. „Er wurde durch provozierende
Plastiken bekannt, die sich mit den Themen Leben, Krankheit und Tod
befassen."Am Goldsmiths College in London belegte er den Kurs „Fine Arts".
Dieser Kurs hatte es ihm angetan, da er sich nicht auf eine einzige Kunstrichtung
spezialisieren wollte. Die beiden Ausstellungen mit den Titeln „Freeze" und
„Modern Medicine" führten zur Bekanntheit des Künstlers. Neben seinen
künstlerischen Tätigkeiten drehte er auch kommerzielle Musikvideos, „(…)
richtete ein Restaurant ein und produzierte Pop- Songs."[111]

5.2.1   *Seine umstrittenen Werke*

Ein sehr umstrittenes Werk von ihm mit dem er berühmt wurde, war von ihm ein
in Formaldehyd eingelegter Tigerhai. Der Titel dieses Behälters ist „The Physical
Impossibility of Death in the Mind of Someone Living". Die Ausstellung und
Präsentation war ähnlich aufgebaut wie in einem Naturkundemuseum und im
Kontext der Kunst sehr umstritten. Da sie als wiederspruchsvolle Metapher für
Agression und Vitalität, aber auch für Kunst und Konservierung, galt.[112]

---

110 Mitschrift einer gestellten Frage zum Thema Stillleben an Herr Professor Hirtenfelder;
Bundesgymasium Egg; 29.11.11

111 Hirst, Damien; Wikipedia. URL: http://de.wikipedia.org/wiki/Damien_Hirst in der Fassung
vom 27.11.11

112 Ebd.

Ein anderes Werk, dass auch sehr umstritten war, ist ein in gleicher Weise präpariertes Schaf, dass den Titel „Away form the Flack" hat. Da ein Besucher das Werk sabotieren wollte, wurde es „(...)zu einem der berühmtesten Werke der zeitgenössichen Kunst".[113]

5.2.2   *Künsterlische Werke mit Anspielung auf die Vergänglichkeit*

5.2.2.1 Pharmacy

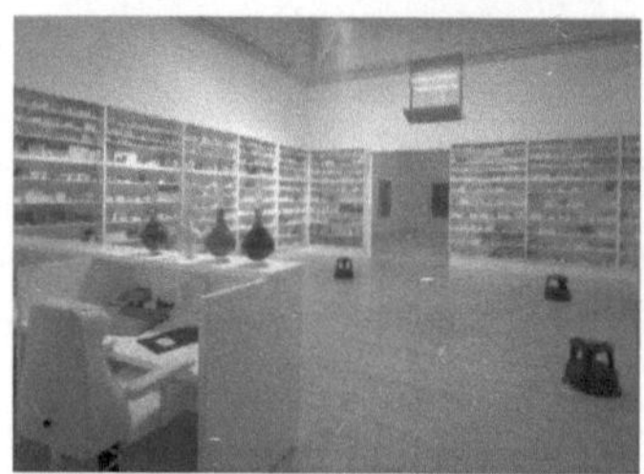

Abbildung 12: Damien Hirst „Pharmacy"

Für die Umsetzung dieses Werkes richtete er einen Raum so ein, dass er einer Apotheke glich. Er benutzte dafür Glasvitrinen, die normalerweise in einer Apotheke oder in einem Krankenhaus verwendet werden, um Medikamente aufzubewahren. Auch in seinem Werk dienten sie der Aufbewahrung von Medikamenten, waren dabei aber noch zusätzlich spezifisch angeordnet. In den ersten Regalen befanden sich Medikamente für den Kopf, in der Mitte für den Magen und in den hintersten Regalen befanden sich Medikamente für Erkrankungen der Füße. Außerdem ist in diesem Raum ein Thresen, auf dem vier verschiedenfarbige Flüssigkeiten stehen. Diese Fläschchen repräsentieren die vier Elemente Feuer, Luft, Wasser und Erde. Die Form der Fläschchen ähneln denen, die früher verwendet wurden. Dies könnte ein Bezug auf die älteren Praktiken sein, die damals zur Heilung des Körpers verwendet wurden. In diesem Raum sind auch noch vier Fußhocker mit Honigwaben. Diese Fußhocker sind sehr speziell platziert, sodass sie eine, in der Mitte befindene, elektrische Fliegenfalle einschließt.[114]

---

113 Ebd.

114 Vgl.: Collection Tate. Damien Hirst: Pharmacy 1992. URL:
   http://www.tate.org.uk/servlet/ViewWork?workid=21809&tabview=text in der Fassung vom
   6.11.11

„I´ve always seen medicine cabinets as bodies, but also like a cityscape or civilization, with some sort of hierarchy within it.“[115], äußerte sich Hirst. Medizin und Medikamente sind immer wiederkehrende Themen in Hirsts Arbeiten. Er benutzt diese als Metapher für die Bewusstseinsveränderung, die durch Medikamente und Drogen ausgelöst wird und für die kurzzeitige Heilung, um den Tod hinaus zu zögern. Die Honigwaben sind die zentrale Metapher dieses Werkes und bewirken, dass die Fliegen durch den Duft des Honigs angezogen werden und dadurch einen schmerzhaften Tod erleiden. In ähnlicher Weise können auch die Medikamente so interpretiert werden. Medikamente haben vielmals unvermeidliche Nebenwirkungen, die man trotzdem verwendet, um Krankheiten zu lindern.

Aber auch der Versuch länger zu leben scheitert letztendlich daran, dass jedes Menschenleben vergänglich ist.[116]

5.2.2.2   For the love of God

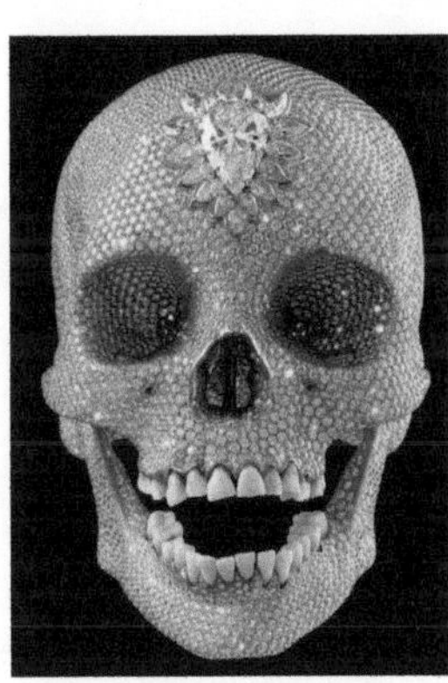

Abbildung 13: Damien Hirst
"For the love of God"

Ein sehr außergewöhnliches Kunstwerk ist ein Platinabguss eines Schädels, der mit 8601 Diamanten besetzt ist. „Auf der Stirn des Schädels thront ein 52- Karat- Diamant.“ Dieses Werk trägt den Titel „For the love of God“ und ist 2007 für 75 Millionen Euro verkauft worden. Laut britischen Medien ist es die aktuell teuerste Arbeit zeitgenössischer Kunst. Die Vorlage die als Abguss diente, erwarb Damien in London, und stammte von einem 35- jährigen Europäer der im 18. Jahrhundert lebte. [117]

---

115 Collection Tate. Damien Hirst: Pharmacy 1992. URL:
   http://www.tate.org.uk/servlet/ViewWork?workid=21809&tabview=text in der Fassung vom
   6.11.11; **Zitiert nach**: Hirst, Damien; Dannatt, S. 59
116 Ebd.
117 Hirst, Damien (wie Anm. 111)

Dadurch, dass der Schädel mit Diamanten besetzt ist, stellt er den Tod als etwas
Wertvolles, vielleicht auch als etwas Erlösendes, dar. Da jeder Mensch zum Tode
verurteilt ist, könnte der Tod als eine Erlösung von Krankheit oder Leid gesehen
werden. Der Tod des einzelnen Menschen ist etwas Einmaliges, genauso wie die
unterschiedlichen Diamanten. Sie stellen in Kombination mit dem Schädel den
Kontrast zum Tod dar. Der Tod etwas Endgültiges und Diamanten haben einen
bleibenden Wert. Der Mensch strebt nach Reichtum aber durch den Tod bleibt nur
mehr der Besitz übrig.

5.3 Alben Covers und Songtexte

Der Vanitas- Gedanke wird vor allem in den Songs der Metalszene zum Ausdruck
gebracht. In den Metalgenres Dark- und Blackmetal gibt es öfters Anspielungen
auf die Vergänglichkeit. Um ihren Liedern noch mehr Ausdruck zu verleihen,
findet man auch auf sehr vielen CD-Covers verschiedene Arten des Stilllebens.

5.3.1   Haggard- Awaking centuries

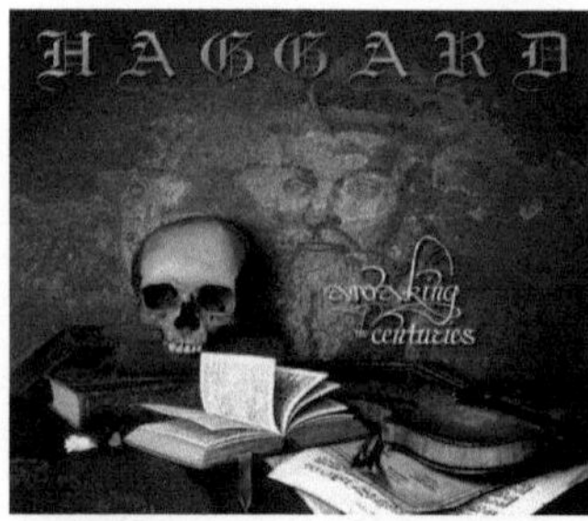

Abbildung 14: Haggard "Awaking centuries"

„Der Kerzen Schein; Er leuchtet fahl; Als das Sonnenlicht er stahl
Und nur das große Himmelszelt; bezeugt das Ende dieser Welt"[118]

Das ist eine kurze Passage aus dem Album „Awaking centuries", geschrieben von der deutschen Metal- Band „Haggard". Das Album- Cover wurde im typischenVanitas- Stil entworfen. Im Vordergrund sieht man diverse Gegenstände wie einen Totenkopf, ein offenes Buch, eine Geige und ein paar lose Blätter. Im Hintergrund des Bildes ist der berühmte Prophet Nostradamus abgebildet. Es sind Gegenstände des weltlichen Lebens (Bücher, Geige) und das typische Sinnbild der Vergänglichkeit (Totenkopf) abgebildet.

---

118 Songtext: Awaking centuries von Haggard. URL:
   http://www.lyricsdepot.com/haggard/awaking-the-centuries.html in der Fassung vom 5.2.12

Der Künstler, der dieses Cover entwarf, verwendete dunkle Farben um die allgegenwärtige Nähe des Todes zu verdeutlichen. Die Bücher könnten bedeuten, dass das Wissen vergänglich ist. Es macht keinen Sinn, wenn man das ganze Leben dazu verwendet, nach Wissen zu streben, da das Ende sehr nahe ist. Die losen Blätter und die Geige gehören zusammen, da auf den losen Blättern verschiedene Lieder geschrieben sind. Beides zusammen ergibt einen Kontrast zum Tod. Obwohl die gespielten Töne schon längst verklungen sind, lebt die Schönheit des Liedes auf den Blättern weiter, um damit andere Herzen zu erfreuen. Der Totenkopf in Kombination mit Nostradamus unterstreicht dessen Phrophezeiung vom Ende der Welt.

5.3.2 Dark the Suns- All ends in Silence

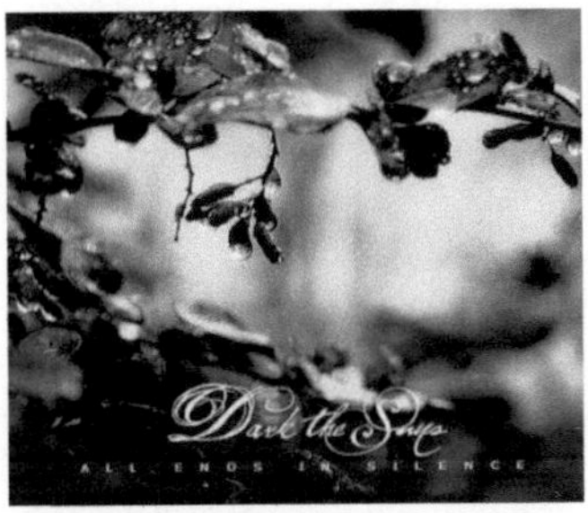

Abbildung 15: Dark the Suns "All ends in Silence"

„Winter came and roses died
Faded away befor my eyes (...)"
„(...)When everything is gone
You saw an angel in this dying universe
Crying for hope forever lost
When everything is gone (...)"[119]

Das ist eine kurze Textpassage aus dem Lied „Gone",von der Metal Band „Dark the Suns".

Das Album- Cover hat man mit düsteren Farben gemacht. Auf dem Cover sieht man einen Ausschnitt von einem Baum, dessen Blüten gerade aus der Starre des Winters auftauen. Das wird auch in diesem Song zum Ausdruck gebracht, aber es gibt einen Unterschied zwischen diesem Lied und dem Cover des Albums, „Crying for hope forever lost". Einerseits kommt im Lied zum Ausdruck, dass die Hoffnung schon längst gestorben ist und andererseits wird im Cover die Hoffnung deutlich dargestellt.

---

119 Songtext: Gone von Dark the suns. URL: http://www.songlyrics.com/dark-the-suns/gone-lyrics/ in der Fassung vom 5.2.12

Die Hoffnung ist in Form vom aufkommenden Frühling zu sehen. Der Zauber der Blüten und der Farben ist nur von kurzer Dauer, da der Winter schon sehr nahe ist, „Winter came and roses died; Faded away before my eyes".[120]

5.3.3   *Abyss of Pain- Professing through terror*

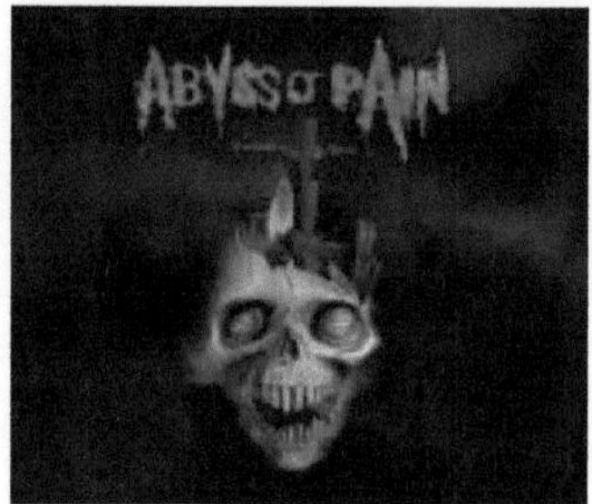

Abbildung 16: Abyss of Pain
"Professing through terror"

Abyss of Pain, eine italienische Death- Thrash- Metal Band, hat mit ihrem Album „Professing through terror" eine sehr schöne sinnbildliche Darstellung der Vergänglichkeit geschaffen. Im Vordergrund befindet sich ein Totenkopf, der in der Schädeldecke eingebrochen ist und aus dem Objekte herausragen. Da die Objekte sehr verschwommen dargestellt sind, ist nur ein Haus und ein Schwert zu erkennen. Der Totenschädel sieht dem Betrachter direkt in die Augen, was bedeuten könnte, dass der Betrachter ihn als Spiegelbild sehen sollte. Das Haus, dass sich auf der Schädeldecke befindet, könnte aufzeigen, dass die materiellen Dinge nach dem Tod bestehen bleiben. Daher hat das Streben nach materiellen Dingen keinen Wert, da sie im Tode keinen Nutzen mehr für den Menschen haben. Das Schwert steckt im Schädel und könnte darauf hindeuten, wie zerbrechlich der Mensch sein kann und wie schnell das Leben zu Ende gehen könnte.

---

120 Gone- Dark the Suns (wie Anm. 119)

5.3.4   *In Flames- Sounds of a playground fading*

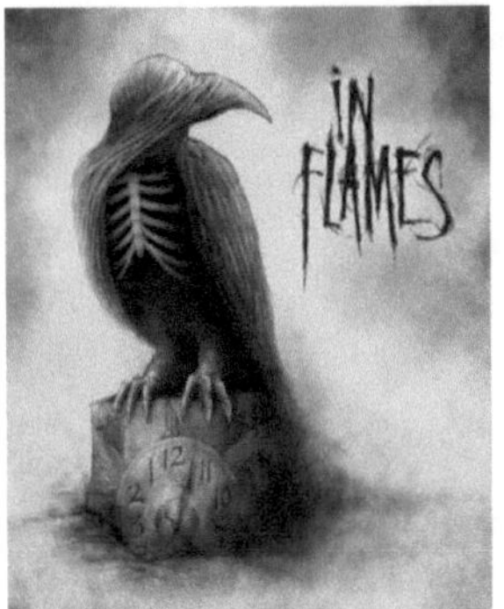

Abbildung 17: In Flames "Sounds of a playground fading"

Ein sehr schönes Album- Cover kommt von der Band „In Flames". Auf dem Album- Cover „Sounds of a playground fading" sieht man einen Raben, der auf einer Uhr sitzt. Der Rabe ist umhüllt von einem Tuch, sein Brustkorb ist entblößt und zeigt seine Knochen. Die Uhr, auf der sich der Rabe befindet, ist nicht ganz erkennbar. Der Rabe repräsentiert den Tod, der das Schicksal des Menschen in seinen Krallen trägt. Die Uhr steht symbolisch für die kurze Lebenszeit des Menschen.

Beides zusammen ergibt ein sehr schönes Zusammenspiel, das die Vergänglichkeit des Lebens darstellt. Durch die dunklen Farben wird diesem Gedanken noch mehr Aussagekraft verliehen.

5.4 Gegenüberstellung von Alt und Neu

5.4.1 Red Hot Chili Peppers- I´m with you versus Jacques de Gheyn- Vanitas

Obwohl beide Bilder eine ähnliche Aussage haben, sieht man mit welchen unterschiedlichen Mitteln es möglich ist, den Gedanken der Vergänglichkeit darzustellen. In dem Album- Cover „I´m with you" sieht man nur eine Tablette, auf der eine Fliege sitzt. Bei dem Gemälde von Jaques de Gheyn sieht man sehr viel mehr Gegenstände, wie einen Totenkopf, eine Blume, eine Seifenblase und einen Schrank indem sich diese Gegenstände befinden. Diese drei Gegenstände sind typische Sinnbilder für die Vergänglichkeit, das ist auch der große Unterschied zu dem anderen Bild. Auf diesem Bild sieht man nämlich untypische Objekte für ein Vanitas- Stillleben.

Die Fliege steht wohl für ein kurzes Leben, dass der Mensch versucht durch die Einnahme von Medikamenten zu verlängern.In dem Gemälde von Jaques de Gheyn ist der Glanz des Todes sehr deutlich dargestellt. Da die Seifenblase sehr schnell zerplatzen kann. Das, was schließlich übrig bleibt, sind nur mehr Knochen und der materielle Besitz, der dann aber keine Bedeutung mehr hat.

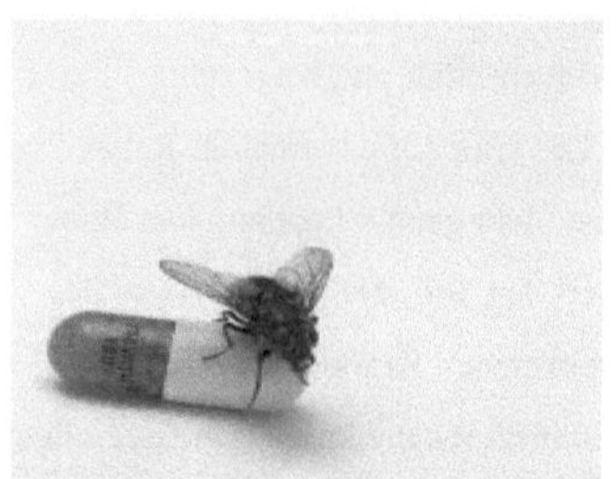

Abbildung 18: Red Hot Chili Peppers "I´m with you"

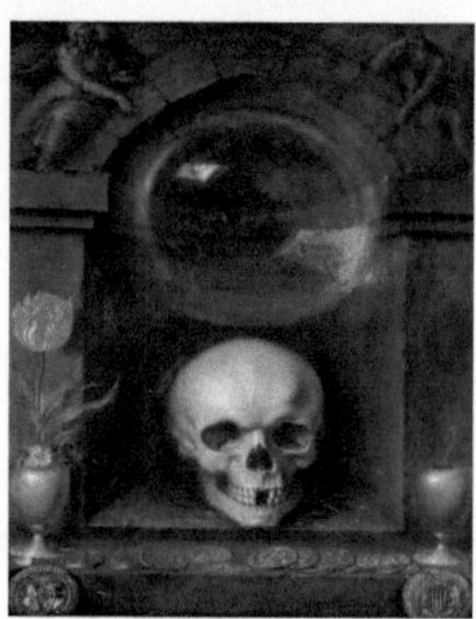

Abbildung 19: Jacques de Gheyn "Vanitas"

5.4.2 Pieter Claesz- Vanitas- Stillleben mit Nautiluspokal versus Three Doors Down- Seventeen days

Diese zwei Bilder sind durch zwei unterschiedliche Methoden zustande gekommen. Das Bild von Pieter Claesz ist sehr detailgetreu gemalt worden und das Album- Cover ist demnach nur eine Fotografie. Auf dieser Fotografie sieht man sehr viele verschiedene Gegenstände, unter anderem ein Baby. Auf einem Tisch befinden sich Blätter, vergammeltes Obst, viele verschiedene Flaschen, eine alte abgebrannte Kerze und auch ein Kopf von einem Wolf oder einem Hund. Alle drei Gruppen, die in einem Vanitas- Stillleben vorkommen können, sind in diesem Cover vertreten.

Die weltliche Symbolik (verschiedene Flaschen mit Flüssigkeiten), religiöse Symbolik (Trauben) und Sinnbilder der Vergänglichkeit (vergammeltes Obst und Kopf des Hundes/Wolfes).

Die Trauben sind ein religiöses Zeichen für den Leib Christi, also für das ewige
Leben, was ein enormer Kontrast zum vergammelten Obst, dem Tierkopf und den
Gläsern darstellt. Die Gläser sind ein wichtiges Artefakt für die Wissenschaft,
deshalb gelten sie symbolisch für das Streben nach Wissen. Aber das Streben ist
nutzlos, da der Tod das Leben erlischt. Genauso wie die Gläser stellen das
vergammelte Obst und der Tierkopf dar, dass das Leben nur von kurzer Dauer ist.
Das Baby steht für das Leben, dass durch den Glauben an Jesus Christus ewig
sein kann.

Im Vergleich mit dem Gemälde von Pieter Claesz gibt es eine Gemeinsamkeit, da
auch in diesem Bild alle drei Gruppen des Vanitas- Stillleben vetreten sind.
Erstens die religiöse Symbolik (Nuss), zweitens die weltlichen Gegenstände
(kostbare Goldschmiedarbeiten) und drittens Symbole der Vergänglichkeit
(Totenkopf und ein umgeworfenes Glas). Die Farben sind im Vergleich zum
anderen Bild etwas dunkler gewählt worden, um die Nähe des Todes bedrohlicher
darzustellen. Die Nuss ist ein Symbol für die Passion Christi, da die Schale die
menschliche Natur darstellt, die zerbrach, um die göttliche Natur preiszugeben.
Außerdem sind die kostbaren Goldschmiedarbeiten wiederum ein Sinnbild für das
Streben nach materiellen Luxusgütern, die aber auch wie der Totenkopf
vergänglich sind. Insgesamt lässt sich sagen, dass beide Bilder zwar sehr
unterschiedliche Objekte beinhalten, aber trotzdem die gleiche Bedeutung haben.

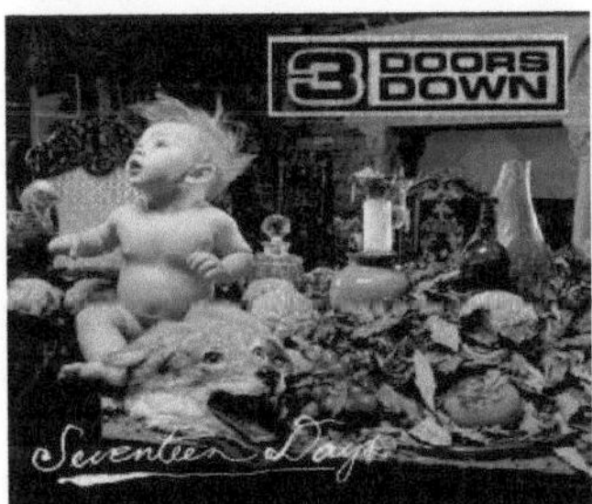

*Abbildung 20: Three doors down
"Seventeen days"*

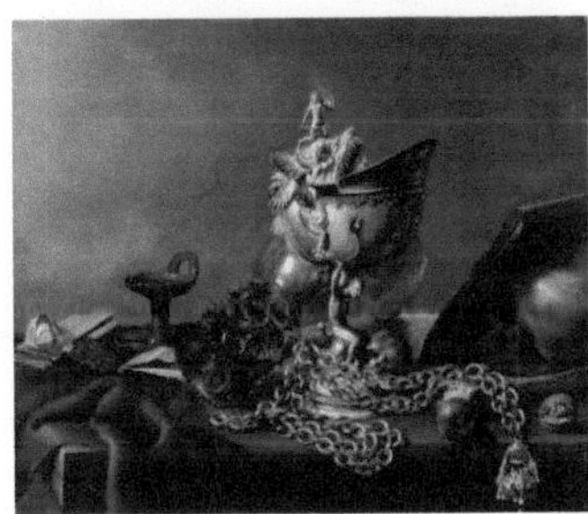

*Abbildung 21: Pieter Claesz
"Vanitas stillleben mit
Nautiluspokal"*

6. Praktische Arbeit

6.1 <u>Skizze</u>

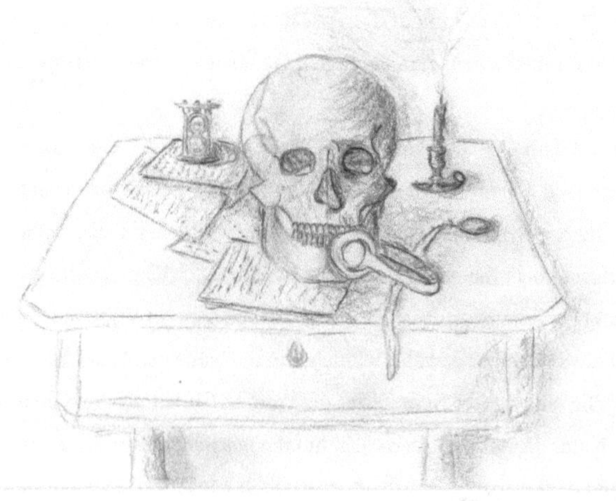

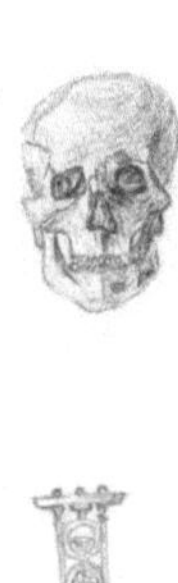

Der Betrachter sollte den Totenschädel als sein eigenes Spiegelbild betrachten. Er ist ein Symbol für die Vergänglichkeit allen Lebens. In meiner praktischen Arbeit stellt der Totenkopf die drohende Gefahr des Todes dar. Der Tod ist stets im Unterbewusstsein des Menschen. Das Leben ohne den Tod kann nicht existieren.

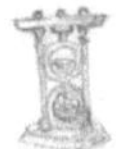

Das Ende ist sehr nahe, da mit dem letzten Sandkorn das Leben vorbei ist. In meiner praktischen Arbeit ist die Zeit schon längst abgelaufen.

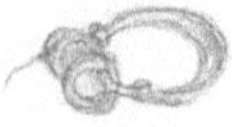

Die Musik wird nie ganz verklingen, weil sie in unseren Herzen weitergespielt wird. Der Totenkopf und die Kopfhörer zeigen das Gleichgewicht des Lebens, die Brücke zwischen Leben und Tod.

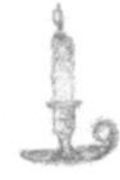

Brennende Kerze: Symbol für die Hoffnung
Erloschene Kerze: Ein Sinnbild für die kurze Dauer des Lebens.

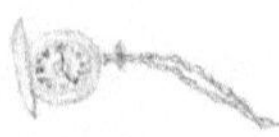

Die Sanduhr stellt genauso wie die Taschenuhr die Zeit des Lebens dar.

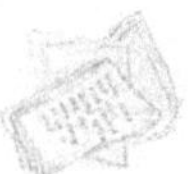

Die voll geschriebenen Blätter sind ein Symbol für die Wissenschaft. Das Streben nach Wissen ist wie der Inhalt dieser Songtexte vergänglich.

6.3 <u>Optimistische Interpretation</u>

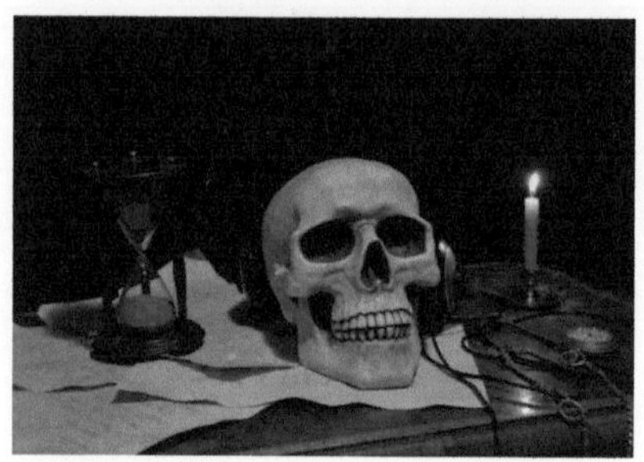

Dieses Foto beinhaltet sechs verschiedene Gegenstände, welche die zwei Gruppen des Vanitas-Stilllebens vertreten. Zum einen die weltliche Symbolik (lose Blätter und Kopfhörer) und als Gegensatz dazu Sinnbilder der Vergänglichkeit (Totenkopf, Sanduhr und Taschenuhr). Die brennende Kerze im Hintergrund kann als Hoffnungsträger verstanden werden.

Der Totenkopf ist der wichtigste Gegenstand in meiner Arbeit, da er sowohl Schatten, als auch Licht beinhaltet. Der Totenschädel wird von der Kerze, die sich im Hintergrund des Fotos befindet, beleuchtet. Auch die Kopfhörer, die Taschenuhr und Teile der Songtexte stehen im Schein der Kerze. Die Gegenstände, die sich im Licht befinden, sind auch beim Menschen stets im Vordergrund und von Bedeutung. Viele Tagesabläufe unterliegen einer genauen Zeitstruktur. Ohne die Einhaltung von bestimmten Zeiten würde das wirtschaftliche und gesellschaftliche Leben nicht funktionieren. Deshalb ist die Taschenuhr auf meinem Bild von so großer Bedeutung.

Der Totenschädel ist nur halb beleuchtet, da der Tod sowohl im Vordergrund als auch im Hintergrund ist. Die Kopfhörer, ein Sinnbild für die Musik, umschlingen den Totenkopf und bilden ein Gleichgewicht mit dem Tod. Die Kopfhörer stehen symbolisch für das Leben, da die Musik nie ganz verklingen wird. Die Kette der Taschenuhr umschlingt das Kabel der Kopfhörer, obwohl sich Musik durch die Zeit nicht beeinflussen lässt. Die Sanduhr, sowie Teile der Songtexte, befinden sich im Schatten. Obwohl Songtexte symbolisch für die Schönheit des Lebens stehen, da sie uns froh machen können, sind auch sie vergänglich. Die Zeit der Sanduhr ist zwar abgelaufen, aber die Hoffnung bleibt trotzdem erhalten. Die Kerze ist noch nicht erloschen. Überall dort, wo es Schatten gibt, ist auch ein Licht. Das eine würde ohne das andere nicht existieren.

44

6.4 <u>Pessimistische Interpretation</u>

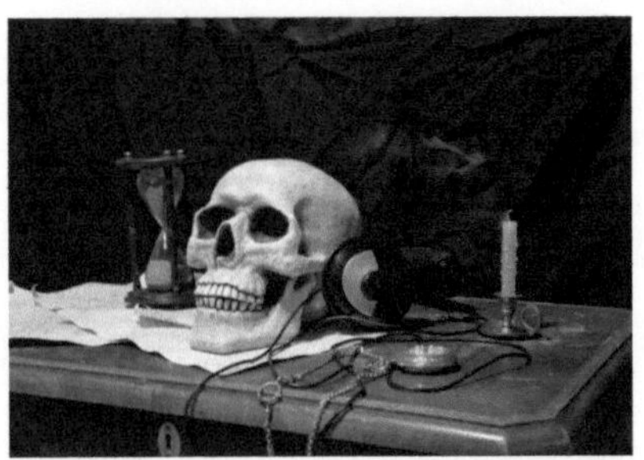

Dieses Foto beinhaltet die selben Gegenstände wie das vorherige Bild, wurde aber diesmal von einer anderen Perspektive aus gemacht. Der Totenkopf schaut dem Betrachter nicht in die Augen, sondern in die ferne Zukunft der Menschheit. Die Kerze wurde ausgeblasen und der Rauch umhüllt einen kleinen Teil des Bildes. Die brennende Kerze ist ein Symbol der Hoffnung, kann aber auch sehr schnell erlischen. Dies könnte auf die Zerbrechlichkeit der Menschen hinweisen. Das Bild ist hell beleuchtet, somit wird die Nähe des Todes noch deutlicher dargestellt. Das Licht drängt den Vanitas- Gedanken in den Vordergrund und dies wird noch zusätzlich durch die abgelaufene Sanduhr unterstrichen.

Die Uhr, die mit dem Kabel der Kopfhörer verschmolzen ist, deutet darauf hin, dass die Zeit in der Musik doch eine Rolle spielen kann. Die einzelnen Töne können nur dann erklingen, wenn es die Menschheit zulässt. Es gab auch schon Zeiten, da wurden bestimmte Lieder wegen ihres Inhaltes zensiert und in Zukunft könnte das wieder passieren. Mit dem Untergang der Welt erlischt alles, was sich die Menschen in tausenden von Jahren geschaffen haben. Vielleicht gibt es doch noch Hoffnung, da die Sanduhr ja wieder umgedreht werden kann. Das Leben endet, so wie es angefangen hat. Am Anfang war das Nichts und am Ende wird es auch so sein.

Nachwort

Das Stillleben hat sich am Ende des 16. und Anfang des 17. Jahrhunderts als eigenständige Gattung entwickelt. Vor allem in den Niederlanden, Deutschland, Italien und Spanien war diese spezielle Kunstgattung sehr beliebt. Es gibt sehr viele verschieden Unterarten, dabei wurde das Blumen-, das Früchte-, das Mark- und Jagdstillleben sowie das Vanitas- Stillleben am häufigsten gemalt.

Auf den Vanitas- Stillleben wird die Vergänglichkeit allen Lebens mit diversen Bildgegenständen zum Ausdruck gebracht. Dieser Gedanke sollte die Menschen lehren, dass das Leben nur von kurzer Dauer ist.
Aber nicht nur Künstler, sondern auch Lyriker haben sich mit diesem Thema beschäftigt. Vor allem in Zeiten, in denen großes Leid und Kummer herrschte, traten vermehrt Vanitas-Bilder und -Gedichte auf. Der Memento-Mori Gedanke (Gedenke, dass du sterblich bist) geht bis in die römische Antike zurück und diente schon sehr früh als Mittel um den Menschen an seine Sterblichkeit zu erinnern.

Aber auch in der zeitgenössischen Kunst gibt es noch Künstler, die sich mit dem Vanitas-Gedanken befassen. Vor allem der britische Künstler, Damien Hirst, beschäftigt sich in vielen seiner Werke mit dem Leben und dem Tod. Aber es gibt auch Musiker aus der Stilrichtung des Black- und Darkmetals, die sich mit dem Vanitas-Gedanken befassen. Dies kann man in ihren Songs und Albumcovern deutlich erkennen.

Im Großen und Ganzen haben viele verschiedene Künstler ein und denselben Gedanken:

Vanitas vanitatum et omnia vanitas.

Literaturverzeichnis

Alber, Susanne: Notizen aus dem Leben warten auf dein Kommentar; Vanitas
Stillleben; URL: http://susannealbers.de/blog/2010/02/19/vanitas-stillleben/ in der
Fassung vom 21. 10.11

Artikel über Stillleben; Wikipedia; URL: http://de.wikipedia.org/wiki/Stillleben in
der Fassung vom 21.10.11

Bailly, David; URL:
http://www.magistrix.de/texte/Schule/Schularbeiten/Kunst/David-Bailly.447.html
in der Fassung vom 6.11.11

Bildgattungen; Architektur; Wikipedia.
URL:http://de.wikipedia.org/wiki/Architektur in der Fassung vom 03.01.2012

Bott, Gian Casper; Illusion und Augenschmaus; Eine Gattung sucht ihren Namen;
In: Wolf Norbert (Hrsg.): Stillleben; S. 6-7; hier S. 7/S. 40

Calvinismus: Definition von Calvinismus laut:
http://www.cosmiq.de/qa/show/1468337/Calvinismus/ : *Der Calvinismus (auch
Kalvinismus) ist eine theologische Bewegung, die auf der Reformation und
insbesondere den Lehren von Johannes Calvin beruht.* In der Fassung vom
10.2.12

Cavalli-Björkman; Görel: Vanitas-Stilleben als Phänomen des Krisenbewußtseins;
Münster 1998; 1648 Krieg und Frieden in Europa; URL:
http://www.lwl.org/westfaelische-
geschichte/portal/Internet/finde/langDatensatz.php?
urlID=511&url_tabelle=tab_texte in der Fassung vom 21.10.11

Claesz, Pieter; Stilllebenmalerei- Vanitas (Referat); URL:
http://www.schulaufwaerts.de/pieter_chlaesz_vanitas_stillleben.htm in der
Fassung vom 2.11.11

Claesz, Pieter; Vanitas- Stilleben (Stilleben mit Glaskugel);

URL: http://kunst.gymszbad.de/zab2006/ts-3/heda/stilleben/claesz.htm in der Fassung vom 21.10.11

Dark Lyriks; URL: http://www.darklyrics.com/n/nocteobducta.html in der Fassung vom 28.10.11

Der Künstler Cézanne: http://de.wikipedia.org/wiki/Paul_Cézanne : *Paul Cézanne (* 19. Januar 1839 in Aix-en-Provence; † 22. Oktober 1906 ebenda) war ein französischer Maler.* In der Fassung vom 10.2.12.

Feudale Gesellschaft: Definition von Feudale Gesellschaft laut: *http://de.wikipedia.org/wiki/Feudale_Gesellschaft : Der Ausdruck Feudalismus (vom lateinischen feudum = „Lehen" → Lehnswesen) bezeichnet in den Sozialwissenschaften vor allem die Gesellschafts- und Wirtschaftsform des europäischen Mittelalters.*

In der Fassung vom 10.2.12.

Gilden: Definition von Gilden laut: http://de.wikipedia.org/wiki/Gilde_(Kaufleute) : *Eine Gilde im engeren Sinne war im Mittelalter ein selbstnütziger und durch einen Schwur besiegelter Zusammenschluss von Kaufleuten (Patriziern) einer Stadt oder einer Gruppe fahrender Händler zum Schutz und zur Förderung gemeinsamer Interessen. Im weiteren Sinne wurden mit dem Begriff auch Handwerkergenossenschaften erfasst.*

In der Fassung vom 10.2.12.

Gryphius, Andreas; Es ist alles Eitel; URL: http://lyrik.antikoerperchen.de/andreas-gryphius-es-ist-alles-eitel.textbearbeitung.106.html in der Fassung vom 28.10.11

Gryphius, Andreas; Wikipedia; URL: http://de.wikipedia.org/wiki/Andreas_Gryphius in der Fassung vom 5.2.12

Hirst, Damien; Wikipedia; URL: http://de.wikipedia.org/wiki/Damien_Hirst in der Fassung vom 27.11.11

Kirschenmann, Johannes; Wettengl, Kurt: Stilleben. Kunst- und kulturgeschichtliche Aspekte einer Gattung; Kunsthistorische Forschugnsansätzte zum Stillleben, und Typen des Stilllebens; Köln 1994; Vgl. 3. Kunsthistorische Forschungsansätze zum Stilleben und 4. Typen des Stillebens/4.1. Blumenstillleben/4.2. Fruchtstilleben

Kunstwerk des Monats: Pieter Claesz; URL: http://www.altertuemliches.at/termine/presse/kunstwerk-des-monats-pieter-claesz in der Fassung vom 21.10.11

Neostoizismus: Definition von Neostoizismus laut: Herr Professor Michael Bartenstein: *Wiederaufleben der Stoa.*

In der Fassung vom 2.2.12.

Nocte Obducta; Wikipedia; URL: http://de.wikipedia.org/wiki/Nocte_Obducta in der Fassung vom 5.2.12

Pawlik/Straßner: Bildende Kunst; Begriffe und Reallexikon; 5. ergänzte Auflage; Köln 1977; S. 24/25

Protorenaissance: Definition von Protorenaissance laut: http://de.wikipedia.org/wiki/Protorenaissance : *Protorenaissance (auch Vorrenaissance) ist die Bezeichnung für eine Tendenz in Architektur, Malerei und Plastik im 11. und 12. Jahrhundert.*

In der Fassung vom 10.2.12.

Schneider, Norbert; Stilleben; Realität und Symbolik der Dinge, Die Stillebenmalerei der früheren Neuzeit; Köln 1999; S.7/51/52/53

Schuster U; Das Stillcbcn- naturc mortc; Luitpold- Gymnasium München; Leistungskurs Kunsterziehung; URL: http://www.kusem.de/lk/still/still.htm in der Fassung vom 3.10.11

Sinn und Sinnlichkeit; Das Jagdstillleben; URL: http://www.kgi.ruhr-uni-bochum.de/stillleben/data/html/6/1.htm in der Fassung vom 24.01.12

Sinn und Sinnlichkeit; Markt und Küchenstillleben; URL: http://www.kgi.ruhr-uni-bochum.de/stillleben/data/html/5/1.htm in der Fassung vom 24.01.12

49

Songtext: Awaking centuries von Haggard; URL:
http://www.lyricsdepot.com/haggard/awaking-the-centuries.html in der Fassung
vom 5.2.12

Songtext: Gone von Dark the suns; URL: http://www.songlyrics.com/dark-the-suns/gone-lyrics/ in der Fassung vom 5.2.12

Songtexte- Mania; Vanitas Songtexte; URL:
http://www.songtextemania.com/vanitas_songtexte.html in der Fassung vom
28.10.11

Stoizismus: Definition von Stoizismus laut:
http://www.enzyklo.de/Begriff/Stoizismus : *Stoizismus , Lehre der Stoiker (s. d.);
streng moralisches oder vielmehr finsteres, freudenloses Leben.*
In der Fassung vom 10.2.12.

Symbole in Stichworten; URL: http://www.literaturbaum.de/Symbole.doc in der
Fassung vom 1.11.11

Tugend: Definition von Tugend laut: http://de.wikipedia.org/wiki/Tugend : *Unter
Tugend (herkömmlich: taugen im Sinne einer allgemeinen Tauglichkeit, lateinisch
virtus, griech. ἀρετή, arete) versteht man eine Fähigkeit und innere Haltung, das
Gute mit innerer Neigung (das heißt: leicht und mit Freude) zu tun.*
In der Fassung vom 10.2.12.

Vanitas: Definition von Vanitas laut http://de.wikipedia.org/wiki/Vanitas: *Vanitas
(lat. „leerer Schein, Nichtigkeit, Eitelkeit"; auch „Lüge, Prahlerei, Misserfolg
oder Vergeblichkeit") ist ein Wort für die jüdisch-christliche Vorstellung von der
Vergänglichkeit alles Irdischen.*
In der Fassung vom 10.2.12.

Vanitas und Memento Mori; URL:
http://home.arcor.de/reisner/liebeslyrik/bavanitas.htm in der Fassung vom
28.10.11

Vanitas- Stillleben; Wikipedia; URL: http://de.wikipedia.org/wiki/Vanitas-Stillleben in der Fassung vom 21.10.11

Vanitas- Stillleben; Künstler und Entwicklung; Wikipedia; URL:
http://de.wikipedia.org/wiki/Vanitas-Stillleben#K.C3.BCnstler_und_Entwicklung
in der Fassung vom 6.11.11

Vanitas; URL: http://www.kunstdirekt.net/Symbole/symbolvanitas.htm in der
Fassung vom 21.10.11

Vanitas; Wikipedia; URL: http://de.wikipedia.org/wiki/Vanitas_(Band) in der
Fassung vom 5.2.12

Vanitas; Wikipedia; URL: http://de.wikipedia.org/wiki/Vanitas in der Fassung
vom 28.10.11

Vgl.: Collection Tate; Damien Hirst: Pharmacy 1992; Url:
http://www.tate.org.uk/servlet/ViewWork?workid=21809&tabview=text in der
Fassung vom 6.11.11

Wissensdigital; Kunst: Gattungen der Malerei; URL: http://www.wissen-
digital.de/Kunst:_Gattungen_der_Malerei in der Fassung vom 18.10.2011

Xenien: Definiton von Xenien laut:
http://woerterbuch.babylon.com/xenien/ :*Xenien (griech.), ursprünglich
„Gastgeschenke", nannte der römische Dichter Martial (1. Jahrhundert n. Chr)
das 13. Buch seiner Epigramme, die als Begleitverse zu Geschenken gedacht
waren.*

In der Fassung vom 10.2.12.

Zimmermann und Heitmann: Kunsthaus seit 1879; Vanitas Stillleben; URL:
http://www.zimmermann-heitmann.de/lexikon/v/vanitas-stillleben.html in der
Fassung vom 21.10.11

Abbildungsverzeichnis

Abbildung 1: Jacopo de Barbari „Stillleben Rebhuhn, Eisenhandschuhe und Armbrustbolze"

URL: http://de.wikipedia.org/w/index.php?title=Datei:Jacopo_de %27_Barbari_001.jpg&filetimestamp=20091121183849

Abbildung 2: Cézanne „Stilleben mit Obstschale"

URL: http://www.bilder-bilderrahmen.de/paul-cezanne/stilleben-mit-obstschale-bild-1344

Abbildung 3: Henri Matisse - „Stilleben mit Obst neben Bronze-Statue"

URL: http://www.foodnews.ch/allerlei/30_kultur/galerie/stillleben/pages/Matisse_Still_Obst.htm

Abbildung 4: Robert Mapplethorpe "Orchideen"

URL: http://www.vogue.de/kultur/kultur-news/fotografie-robert-mapplethorpe

Abbildung 5: Albrecht Dürer "Das große Rasenstück"

URL: http://kunst.gymszbad.de/zab2006/ts-1/duerer/duerer-rasenstueck-1504.htm

Abbildung 6: Willem Kalf "Stilleben mit Nautilusbecher"

URL: http://www.foodnews.ch/allerlei/30_kultur/galerie/stillleben/pages/Kalf_Stilleben_Nautilus.htm

Abbildung 7: Pieter Aertsen „Metzgerladen mit Flucht nach Ägypten"

URL: http://it.wikipedia.org/wiki/File:Pieter_Aertsen_005.jpg

Abbildung 8: Philippe de Champaigne "Vanitas"

URL: http://www.kunstkopie.de/a/de-champaigne-philippe/vanitas-still-life-with-a.html

Abbildung 9: Antonio Pereda "El desengaño del mundo"

URL: http://siroco-encuentrosyamistad.blogspot.com/2011/03/el-sueno-del-caballero.html

Abbildung 10: Pieter Claesz "Stillleben mit Geige und Glaskugel"

URL: http://ematejoca.blogspot.com/2009/07/vanitasstillleben-mit-geige-und.html

Abbildung 11: David Bailly "Selbstportrait mit Vanitassymbolen"

URL: http://www.wooop.de/poster-kunstdrucke/b/bilder-david-bailly/reproduktion/785257.html

Abbildung 12: Damien Hirst „Pharmacy"

URL: http://c4gallery.com/artist/database/damien-hirst/damien-hirst-pharmacy-1992.jpg

Abbildung 13: Damien Hirst "For the love of God"

URL: http://upload.wikimedia.org/wikipedia/en/6/6d/Hirst-Love-Of-God.jpg

Abbildung 14: Haggard "Awaking centuries"

URL: http://www.progarchives.com/album.asp?id=4323

Abbildung 15: Dark the Suns "All ends in Silence"

URL: http://blog.naver.com/PostView.nhn?blogId=eskimy&logNo=90102133577&redirect=Dlog&widgetTypeCall=true

Abbildung 16: Abyss of Pain "Professing through terror":

URL: http://www.spirit-of-metal.com/album-groupe-Abyss_Of_Pain-nom_album-Professing_Through_Terror-l-de.html

Abbildung 17: In Flames "Sounds of a playground fading"

URL: http://inishmoreblog.blogspot.com/2011/06/cd-des-monats-in-flames-sounds-of.html

Abkürzungsverzeichnis

Anm.	Anmerkung
Ebd.	Ebenda
griech.	griechisch
Hrsg.	Herausgeber
lat.	lateinisch
n. Chr.	nach Christus
S.	Seite
URL	Uniform Resource Locator
Vgl.	Vergleiche

FBA- Begleitprotokoll

<u>Juli und August 2011:</u>

Ideen für meine FBA gesammelt

<u>1.Oktober 2011:</u>

Besuch der Landes- und Stadtbibliothek für Recherchearbeiten- Stillleben-Bücher

<u>3.Oktober 2011:</u>

FBA- Treffen mit Prof. Hirtenfelder: Einführung in das Verfassen einer FBA;

Internetrecherche und detaillierter Überblick über die gesammelten Informationen

<u>4.Oktober 2011:</u>

kurzes Treffen mit Prof. Hirtenfelder; Bücherabgabe und Internetrecherche;

Besprechung der Vorgehensweise: Schwerpunkt Vergänglichkeit, Arten von

Stillleben, Damien Hirst, andere moderne Stillleben,... usw.

<u>10.Oktober 2011:</u>

FBA- Treffen mit Prof. Hirtenfelder: nochmalige Besprechung der Gliederung

<u>11. und 12.Oktober 2011:</u>

Gliederung der Informationen erstellt; Bücher angefangen zu lesen

<u>14.Oktober 2011:</u>

Besuch der Landesbibliothek Bregenz- weitere Bücher über das Thema Stillleben

ausgeliehen

<u>25.Oktober 2011:</u>

FBA- Treffen mit Prof. Hirtenfelder: Vanitas besprochen (geschichtlicher

Hintergrund, Gedichte, Songtexte,...); Künstler besprochen (David Bailly, Pieter

Claesz)

<u>22.- 24. Oktober 2011:</u>

Internetrecherche über Vanitas- Stillleben und deren Künstler; Bilder von David

Bailly und Pieter Claesz betrachtet und interpretiert

<u>27.Oktober- 2.November 2011:</u>

Informationen über Vanitas zusammengefasst (geschichtlicher Hintergrund,

Künstler, Entwicklung,...)

<u>9.November 2011:</u>

Abgabe von Vanitas an Herr Prof. Hirtenfelder

<u>10.November 2011:</u>

Feedback von Vanitas und Verbesserungsvorschläge

<u>28.November 2011:</u>

FBA- Treffen mit Prof. Hirtenfelder: Besprechung der Weiterentwicklung von

meiner FBA; Autonome Stillleben? Ab wann ist Stillleben selbstständig

geworden; CD- Covers interpretieren mit passenden Songtexten;

Gegenüberstellung von Alt und Neu

<u>3.- 17. Dezember 2011:</u>

Bilderinterpretation; Einleitung von der modernen Umsetzung geschrieben; Alt

und Neu interpretiert

<u>19.Dezember 2011:</u>

FBA- Treffen mit Prof. Hirtenfelder: Präsentation des Erarbeiteten; kleine

Probleme besprochen

<u>9.Jänner 2012:</u>

FBA- Treffen mit Prof. Hirtenfelder: Das Thema Vanitas abgeschlossen und

Feedback bekommen; Entwicklung von Stillleben abgeschlossen; Probleme mit

einer Übersetzung von Damien Hirst

<u>8.Februar 2012:</u>

FBA- Treffen mit Prof. Hirtenfelder: über praktische Arbeit geredet und die

weitere Vorgehensweise

<u>16.Februar 2012:</u>

Fotos für die praktische Arbeit gemacht

<u>20.Februar 2012:</u>

FBA- Treffen mit Prof. Hirtenfelder: Verbesserungsvorschläge

<u>27.Februar 2012:</u>

Abgabe der Fachbereichsarbeit bei Prof. Hirtenfelder (geplant)

Hiermit wird bestätigt, dass der Autor die vorliegende Arbeit, vollkommen selbstsständig erarbeitet und erstellt hat.

Datum, Ort   Unterschrift